輪針でニット

びっくり！楽しい「輪針」の使い方

林ことみ

グラフィック社

輪針といえば、輪編みだけに使う針と思っているニッターはまだ多いと思います。私もそうでした。編む長さに合わせて針の長さを選び、だんだん小さくなると短い針に変えて…と不経済この上なく、あまり好きではありませんでした。しかし2000年に参加したデンマークでのニットシンポジウムで参加者たちが輪針を２本針の代わりに使っているのを見て、目からウロコでした。そうか！ 輪針は平らに編むときにも使えるのだ、とわかってからはもう長い２本針は不要になってしまいました。

次に驚いたのが２本の輪針で輪に編む方法です。たしかにこれなら４本針や５本針で輪に編むより楽そうです。デンマーク人の友人も「もう５本針は嫌だわ」と２本の輪針で靴下を編んでいました。

その次に知ったのが、マジックループという長い輪針で小さな輪編みをする方法です。これには驚きました。ずいぶん前に輪針のあまった部分を引き出して輪編みをするという話は聞いていたもののイメージが湧かなかったのですが、これだったのか！とひざを打ちました。この発展系で、マジックループでペアを同時に編む方法もあります。これはペアが同時に編み上がるという不思議な編み方です。

もう長い輪針が２本あれば、ほかのタイプの棒針はいらないかもしれません。この本では、丁寧なプロセスとともに、輪針の６種類＋αの編み方をご紹介しています。一度試してくだされば、きっと輪針の魅力にはまりますよ。

Contents

輪針のお話

ひと口に輪針といっても、さまざまな種類があります。
その違いは針の太さやコードの長さだけではなく、素材や色、つくりまで
ほんとうに個性いろいろ。違いを知ると、ついつい使いくらべてみたくなります。

素材もいろいろ

普通の編み針と同様に、針の素材にはいろいろあります。一番おなじみなのは、やはり竹でしょうか。竹製は日本人にはおなじみですが、北欧でのニットの集まりではしばしば木製と間違えられます。その木製は日本ではあまりなじみではない素材ですが、「knit《ニット》 pro《プロ》(knit《ニット》 picks《ピックス》)」という海外メーカーの木製針(右ページ参照)などは、カラフルな寄木で思わず手に取ってみたくなる針です。残る素材は金属とプラスチックですが、ピカピカのアルミもあればつや消しグレーや金色、透明のものもあります。

コードの素材もいろいろ

右ページの写真でもわかるように、コードの多くはナイロン素材ですが、色や質感はいろいろです。コードは、なんといってもやわらかいことが一番ですが、性質はメーカーによってかなり違います。丸めてしまっておくとクセがついて、実際に編むときにはそのクセが邪魔になってしまうタイプのものには、少々手こずります。そのトラブルもなく、目下のところ私が一番好きなのは、「addi《アディ》」という海外メーカーのゴールドのコードです。addi には赤のコードもあり、見た目にも何だか楽しくなります。

長さもいろいろ

市販されている輪針の長さは、日本では 40cm、60cm、80cm、100cm、120cm という 5 種類が一般的です。輪針はナイロン素材などのコードの両端に短い編み針がついている、というのが基本的な構造で、表示されている長さは針も含めた全体の長さです。こんなにいろいろな長さがそろっているのは、元々の「輪に編む」という使い方をする場合、編むものに合わせた長さを選ぶ必要があるため。帽子なら 60cm、セーターなら身頃は 80cm や 100cm、タートルネックやそでは 40cm、などと使い分けるのです。

ジョイント部分もいろいろ

針の部分とコードのつなぎ方にも、メーカーによって違いがあります。竹や金属の針を直接コードにつないだタイプと金具でつないだタイプ、コードと針を好きに組み合わせられるタイプ (interchangeable) の 3 種類が一般的。ただし、重要なのはつなぎ方ではなく糸が針からコードに抵抗なく送れるかどうかという点です。ときどき継ぎ目のところで糸が引っかかってしまう針があり、イライラさせられるだけではなく糸も傷みそうで、そのような針はそうそうにお蔵入りとなります。

竹製の輪針。日本の
メーカーでは竹製が
最も一般的です。

ミニ輪針。靴下用に
つくられた針で、長
さは 23cm。

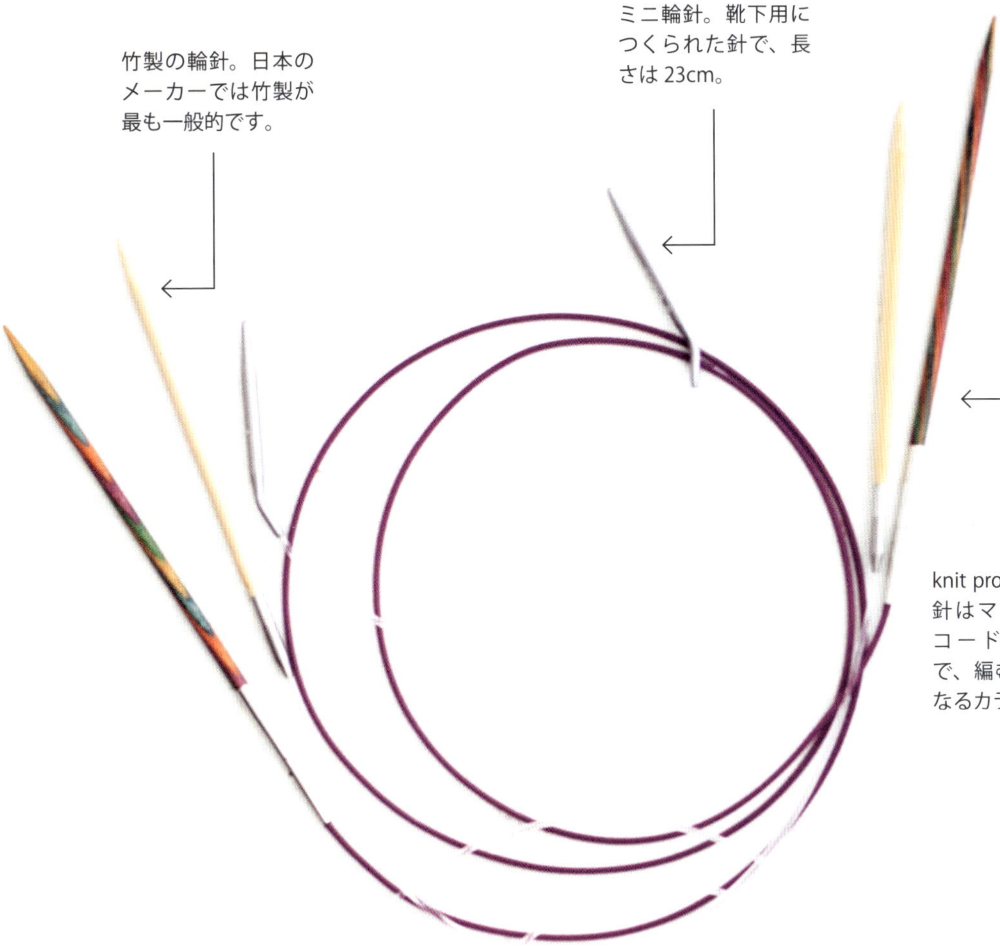

knit pro の寄木輪針。
針はマーブル模様、
コードはパープル
で、編むのが楽しく
なるカラフルさ。

コードと針をつけ替
えられるタイプ
(interchangeable)
は、このようにジョ
イント部分で針と
コードがバラバラに
なります。

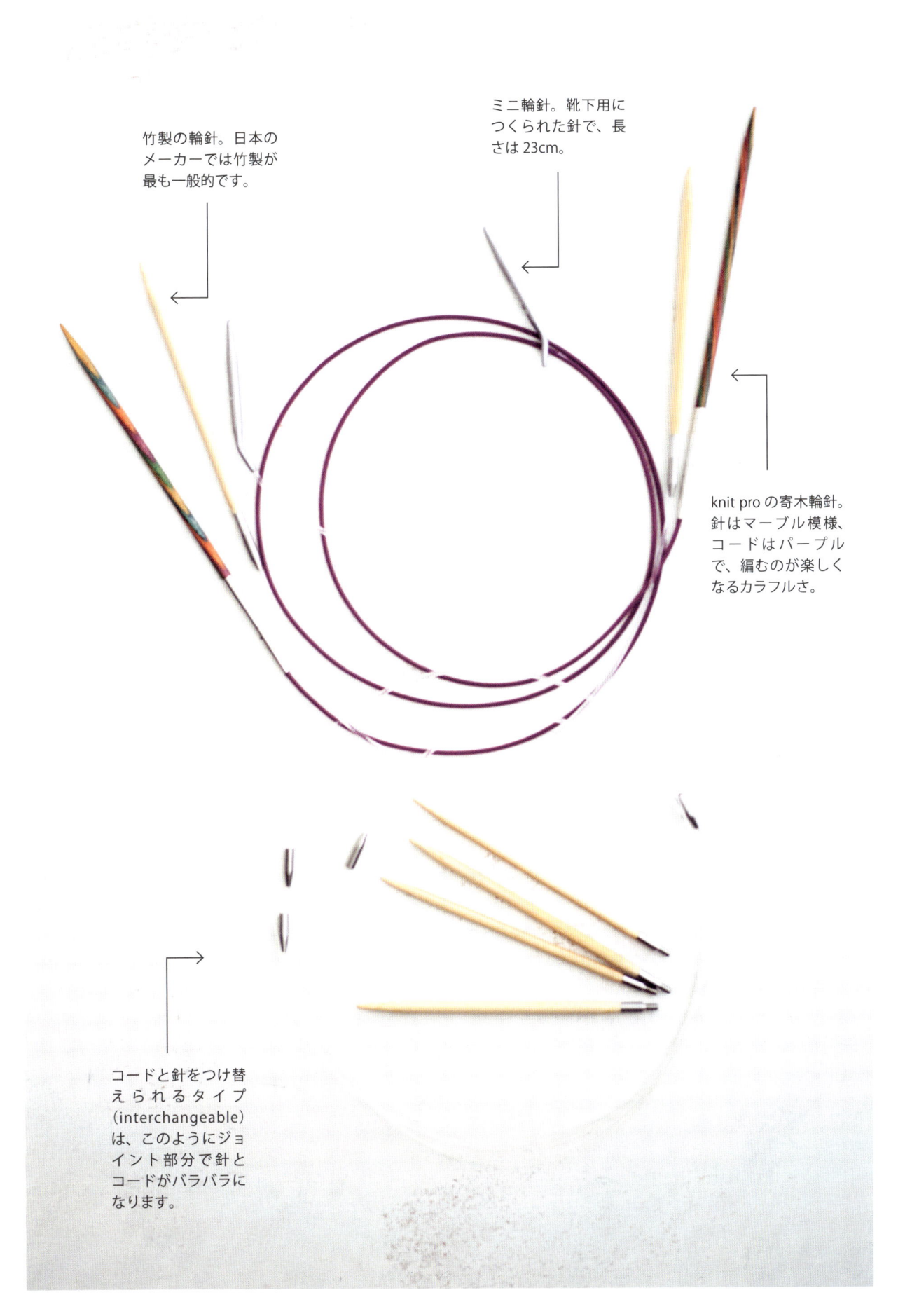

輪針選びのポイント

輪針の種類やそれぞれの違いをおさえたら、いよいよ輪針選び。
編みやすい輪針を選ぶためのポイントや、
長さに応じた使い分けを考える際のポイントをご紹介します。

どんな長さを選ぶ？

輪針はメーカーにより、全体の長さが同じでも針部分の長さがかなり違っています。針の長さによって編みやすさが違ってくるので、針部分の長さが自分の手に合ったものを選ぶのが第一のポイント。次に全体の長さですが、この本でご紹介するようないろいろな編み方をするには汎用性の高い80cm以上の長さがおすすめです。とくに100cmや120cmサイズはメビウス編みや大きなショールを編むときに便利です。２本針と違って片方の針だけに目がたまることがないし、片方の針をなくすこともなく始末がいい、といいことずくめです。そのほか、長さごとの用途は以下のとおりです。

● 40cm

周囲が40cm前後の筒編みの場合に使いますが、あまり編みやすくはありませんので用意しなくても構いません。

● 60cm

周囲が60cm前後の筒編みや２本使いで編むときに使います。もちろん平編みにも。

● 80cm

周囲が80cm前後の筒編みやマジックループ、２本使いにぴったりのサイズです。平編みにも。

● 100cm

メビウス編みやマジックループ、ペアのマジックループ(ペア編み)におすすめです。ショールや肩かけを平編みするときにも便利です。

● 120cm

メビウス編みやマジックループ、ペアのマジックループ(ペア編み)に。大きな三角ショールなどの平編みはこのサイズの輪針にかぎります。

針先に注目！

メーカーごとに意外と違うのが、針先の形状です。先端のとがり具合がさまざまで、それにより糸との相性があるようです。甘撚りでソフトな糸には糸を割らないよう先が少し丸いタイプ、腰があって撚りの強い糸には先のとがったタイプが編みやすいように思います。

つけ替えタイプのメリットとデメリット

つけ替えタイプは40cm～120cmまでのコードと、何種類かの針がキットとして販売されているのが一般的です。とても便利ですが、デメリットはセットされている分値段が高いことでしょうか。ただネット通販などでは針とコードのバラ売りもあるようなので、探してみるのも手。ジョイント部分がねじ式の場合、編んでいる途中でゆるむことはありますが、組み合わせ自由という便利さのほうが勝っています。

竹製の針は先端が丸いのも特徴のひとつ。甘撚りでソフトな糸を編むときには、こちらのタイプがおすすめです。

このように先端がとがった針は、撚りの強い糸との相性がいいようです。

針の根元に角度がついたタイプも。持ちやすいように、という工夫のようですが、編みやすいかどうかは人それぞれ。

つけ替えタイプはこのジョイント部分が編んでいる途中にゆるんできてしまうこともありますが、頻繁に使うならそろえても損はない便利さです。

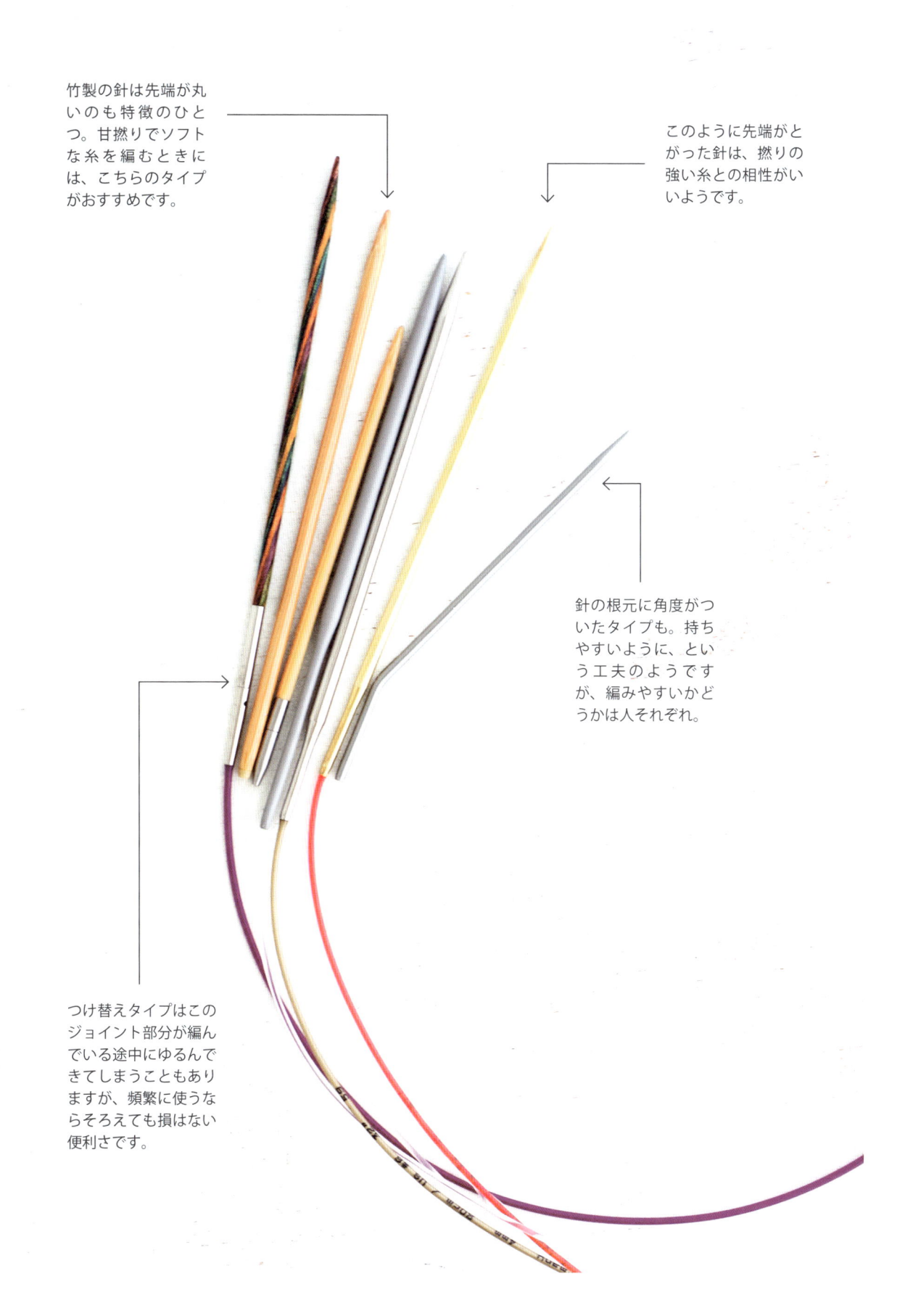

How to use 01

輪に編む

輪に編む方法は、輪針の最も一般的な使い方です。
編むものと輪針の長さのコンビネーションがきれいに編む秘訣なので、
できあがり寸法に近いサイズを使います。
作り目をしたら段の境目がわかるよう、印をつけるのがポイントです。

Basic technique

01 必要な目数の作り目をする。長さが合わないと編みにくく編み目もそろわないので、編み地寸法に合わせた長さの輪針を選ぶ。

02 1目めの手前にスタート位置のマークをつける。目数リングがなくても、このようにあまり糸で作ったループをつければ大丈夫。

03 1段めを4目編んだところ。作り目の両端がつながり、全体が輪になった。

04 1段めを編み終え、2段めを1目編んだところ。段数が少ないうちは編み地がねじれやすいので、1段でねじれがないかを確認する。

05

数段編んだところ。スタート位置の印は編まずに左針から右針へすべらせて編み進める。

01 Crown turban

クラウンターバン

着けたらまるで王冠をかぶったようでワクワク気分になりそう。
エストニアのハプサルレース柄をアレンジしたエレガントなニット。

How to make >> page 69

02 Tube top

あったかチューブトップ

すそのラインがポイントのおしゃれな“腹巻き”は
ウエストを少しだけ絞ってボディラインを
きれいに見せています。
がんばって縄編みも入れましょう。

How to make >> page 70

03 Overskirt

オーバースカート

並太くらいの糸でしっかり編んだはきやすいスカートは、少しの減目とゴム編みで台形に、そしてすその編み込みでキュートなラインに。

How to make >> page 72

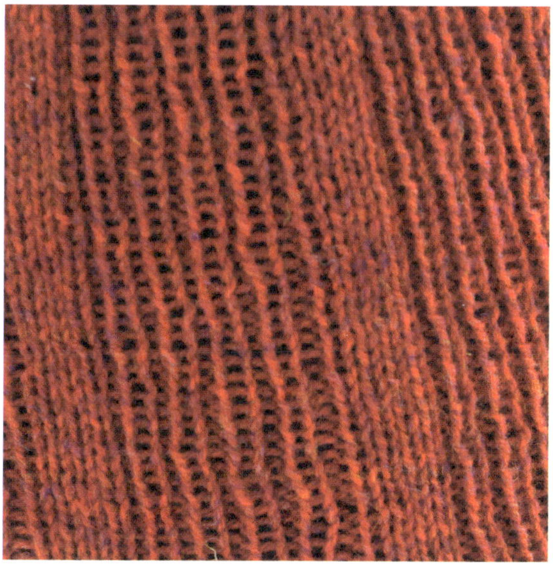

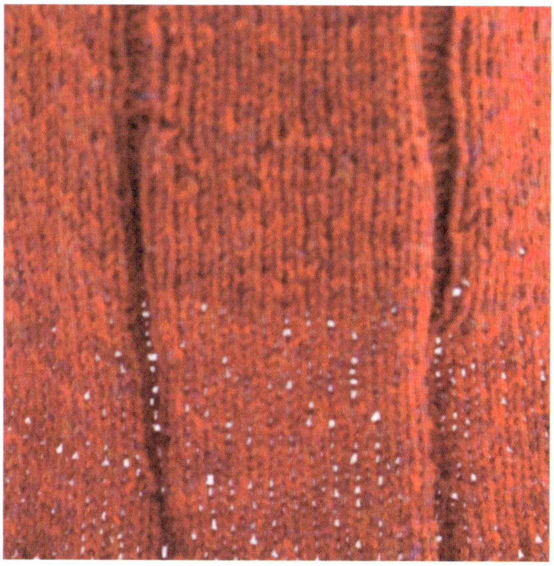

How to use 02

平らに編む

輪針を２本針の代わりに使うと、長い作り目をして編むものや
三角ショールのようにだんだん大きくなものを編んでも、
針から目がこぼれず、針が落ちることもありません。
とても便利で、もう２本針には戻れません。

Basic technique

01

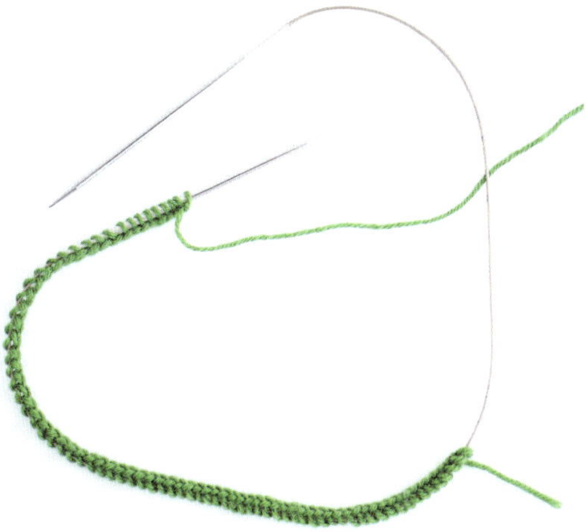

必要な目数の作り目をする。作り目が終わると、編み糸は左針のほうにくるようにセットする。

02

編み糸のあるほうの針を左手、ないほうの針を右手にもち、棒針で編むときと同様に1段めを編んでいく。

03

1段めの最後の目まで編んだら、編み地を裏返して持ち替え、2段めを編む。

04

続けて数段編んだところ。編み地の幅よりも長めの輪針を使用すると、目数が多くても編み地が針からこぼれないので、途中で休憩するときなどにも安心。

04 Wrap shawl

デニッシュラップショール

前でクロスさせ、後ろで結ぶので、羽織るのではなく着けられるのがうれしい。
とても実用的な形が特徴のデンマーク伝統のショール。

How to make >> page 74

05 Blanket

ガーターリブ編みのひざかけ

ゴム編みなのにガーター編み、そして市松模様の
不思議な柄は２色だから生まれる編み地。
ひまをみては編んでいると、いつの間にかできあがり。

How to make >> page 76

06 Muffler (upside)

ジグザグマフラー

ジグザグ模様は３目一度とかけ目でできる模様。段染め糸でも段ごとに
糸を変えても効果的。半分ずつガーター編みとメリヤス編みで。

How to make >> page 78

07 Muffler (downside)

ドットボーダーマフラー

長い輪針に作り目をして縦に編めば、縦縞も簡単に編めます。黒と段染めを
組み合わせ、すべり目でドット柄を入れたらなんだか和風な雰囲気に。

How to make >> page 79

How to use 02+

平らに編む「引き上げ編みのストライプ」

輪針を長いダブルポイント針(両端ともとがった玉なし針)と考えると、
ダブルポイントでないと編めない編み地を編むときも、輪針の出番になります。
たとえばこんな2色のストライプ模様編み。
引き上げ編みでストライプ柄を出す編み方でも、輪針が活躍します。

Basic technique → P.26「引き上げ編みのボウタイ」の編み方より

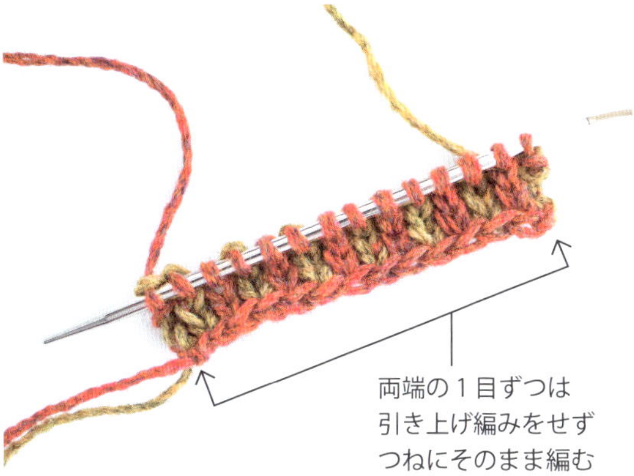
両端の１目ずつは
引き上げ編みをせず
つねにそのまま編む

01　A 色(レンガ)で作り目をし、糸端側から B 色(オリーブ)で裏編みを１段編み、編み地を持ち替えたところ。編み糸２本は同じ側にある。

02　01 の編み地を右端に寄せ、A 色で１段編んだところ。A 色列の目は表編みの引き上げ編み、B 色(オリーブ)列の目は表編み。

03　編み地を針の右端に寄せ、次に B 色で１段編む。A 色列の目は表編み、B 色列の目は表編みの引き上げ編みをする。

04　B 色で１段編んだところ。次に編み地を裏返し、A 色、B 色で１段ずつ、表面と同じ要領で裏編みと裏編みの引き上げ編みを編む。

表編みの引き上げ編みの針の入れ方

表編みの引き上げ編みをするときは、上のように１段下の編み目に右針を入れて表編みをする。これで上の目はほどけて下の段の目から編んだようになる。

裏編みの引き上げ編みの針の入れ方

裏編みの引き上げ編みをするときも、上のように１段下の編み目に右針を入れて針に糸をかけ、裏編みをする。

08 Bow tie

引き上げ編みのボウタイ

クロス柄がネガポジになった編み地は
同じ幅でどんどん編んで好きな長さに(左)。
途中から細くして縦縞にしてこちらはネクタイに(右)。
どちらも編んだら洗ってフェルティング。

How to make >> page 82

How to use 03

メビウス編み

メビウス編みとは、まさに「メビウスの輪」のように
1回ねじれた状態で輪になる編み地を編む編み方です。
1段めが編み地の中央になり、そこから1段編むごとに上下に
編み地が増えていく様子がとても不思議で、どんどん編んでしまいます。

Basic technique → P.32「市松模様のメビウススヌード」の編み方より

01

編み糸の端を5cm程度残してループを作り、棒針にかける。

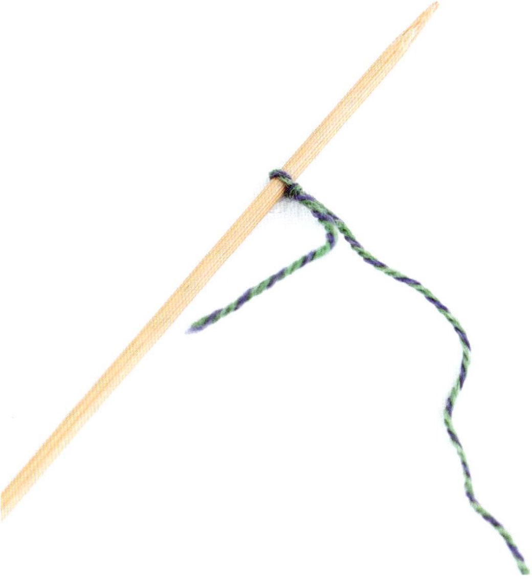

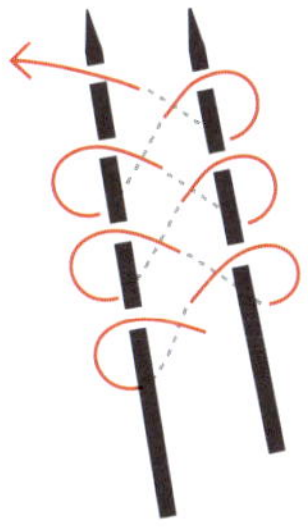

02

棒針に輪針の片方の針先を添えて持ち、赤矢印のように8の字を描きながら2本の針に交互に糸をかけていく。このあとで輪針を引き出すので、かける糸は少しゆるめにしておくのがコツ。使用する輪針は最低80cm、できれば100～120cmのものを。

03

針にかかったループ1本を1目として、必要な目数になるまで2本の針に糸をかける(P.32のスヌードならそれぞれ160目ずつ、合計320目)。最後は必ず写真のように、輪針に糸をかけた状態で終わる。

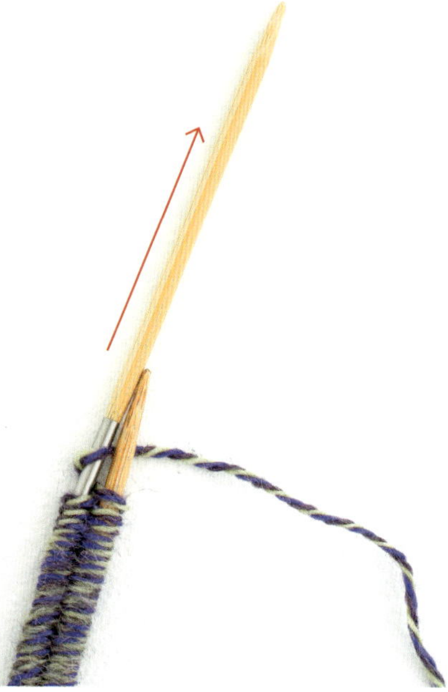

04

必要な目数を針にかけたら、輪針を矢印の方向に引いて作り目から引き出す。輪針にかかった作り目は、コードの部分に移る。引き抜いた針先はそのままにしておく。

05

棒針にかかった作り目の端から、1段めを編みはじめる。輪針の04とは逆側の針先で1段めの編み目を編みながら、棒針の目を輪針に移していく。

06

棒針の目を途中まで移したところ。コードが二重になってきている。

07

棒針にかかっていた作り目をすべて輪針に移し終えたところ。棒針側の作り目をすべて編み、1段めの片側分を編んだ状態。輪針は二重の輪になり、上側の作り目の端と、下側の作り目の端にそれぞれ輪針の針先が出ている。

08

残りの作り目も1周編んだら、左針にマーカーをつけ、2段めに移る。

09

マーカーがあらわれるまで編むことで、作り目の上下に1段ずつ編めることになる。同時に全体はねじれた状態になっていく。

09 Snood

市松模様のメビウススヌード

メビウスの輪のようにねじれたスヌード。
輪針のコードを二重に使って、
ぐるぐる市松模様を編んだだけです。

How to make >> page 80

front style

back style

How to use 04

マジックループ

1本の輪針があれば、どんな太さの輪でも編めてしまうという
まさにマジックのような編み方があります。
それが「マジックループ」と呼ばれる方法。両端に引き出したループを
出しておくだけなのですが、目からウロコの便利さ。
針は 80cm 以上のものを使用します。

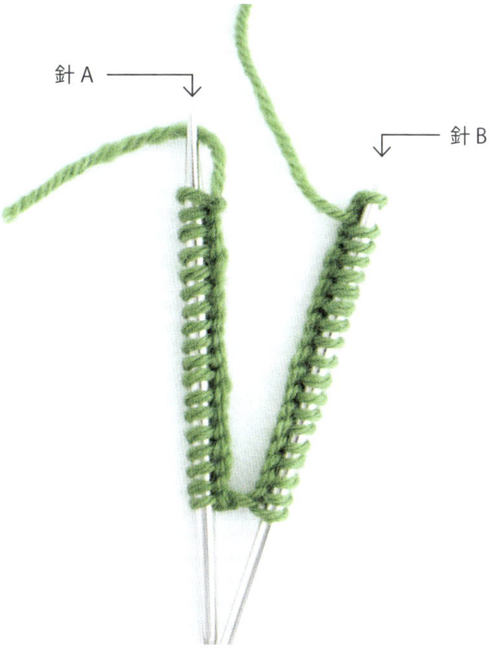

01

必要な目数＋1目の作り目をし、作り目の中央からコードを引き出すようにして目を左右の針に分ける。このとき、Bのほうは1目多くしておく。

02

作り目の最後の目を針先Bから針Aに移す。これで作り目が輪の状態になる。

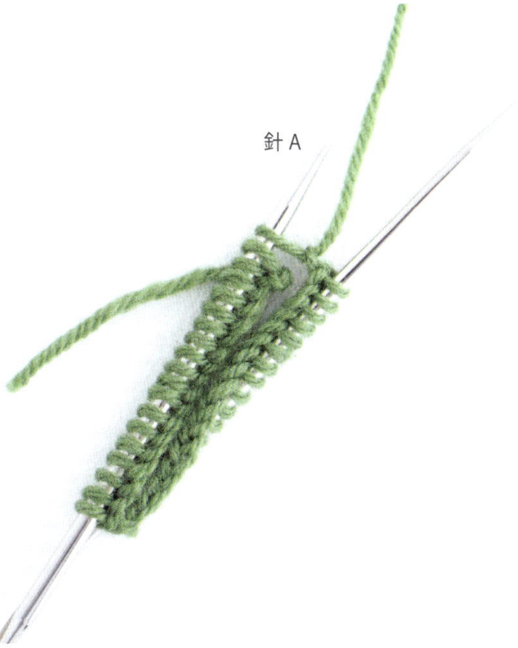

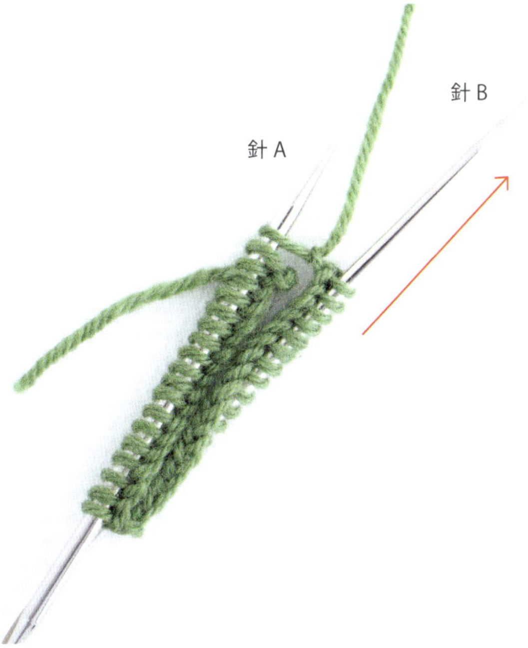

03

針Bを矢印のほうへ動かして引き出す。

04

引き出した針Bで1段めを編みはじめる。最初の目は作り目の最終目とその次の目を2目一度。このとき全体は下の図のような状態になっている。

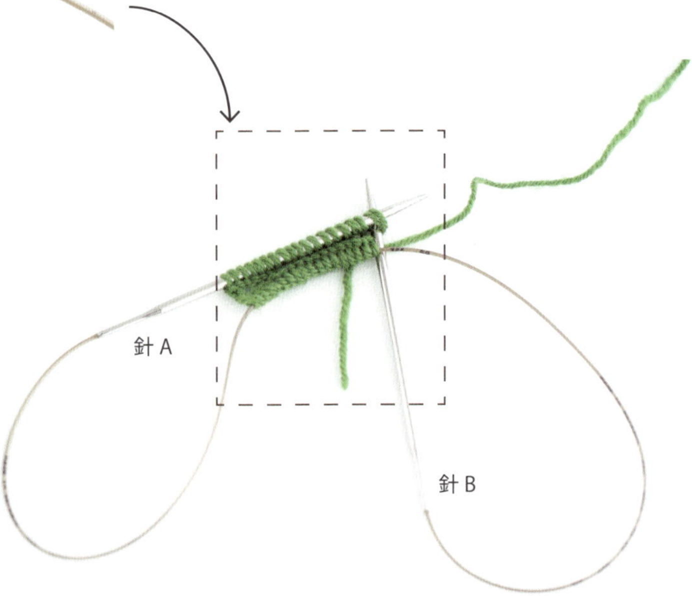

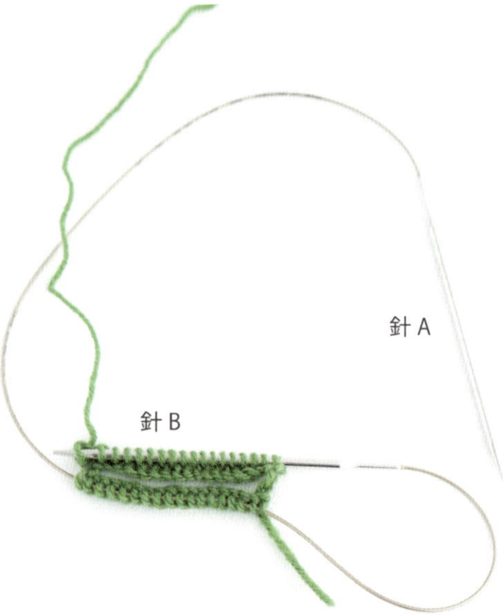

05

針Aにかかった作り目をすべて編んだところ。

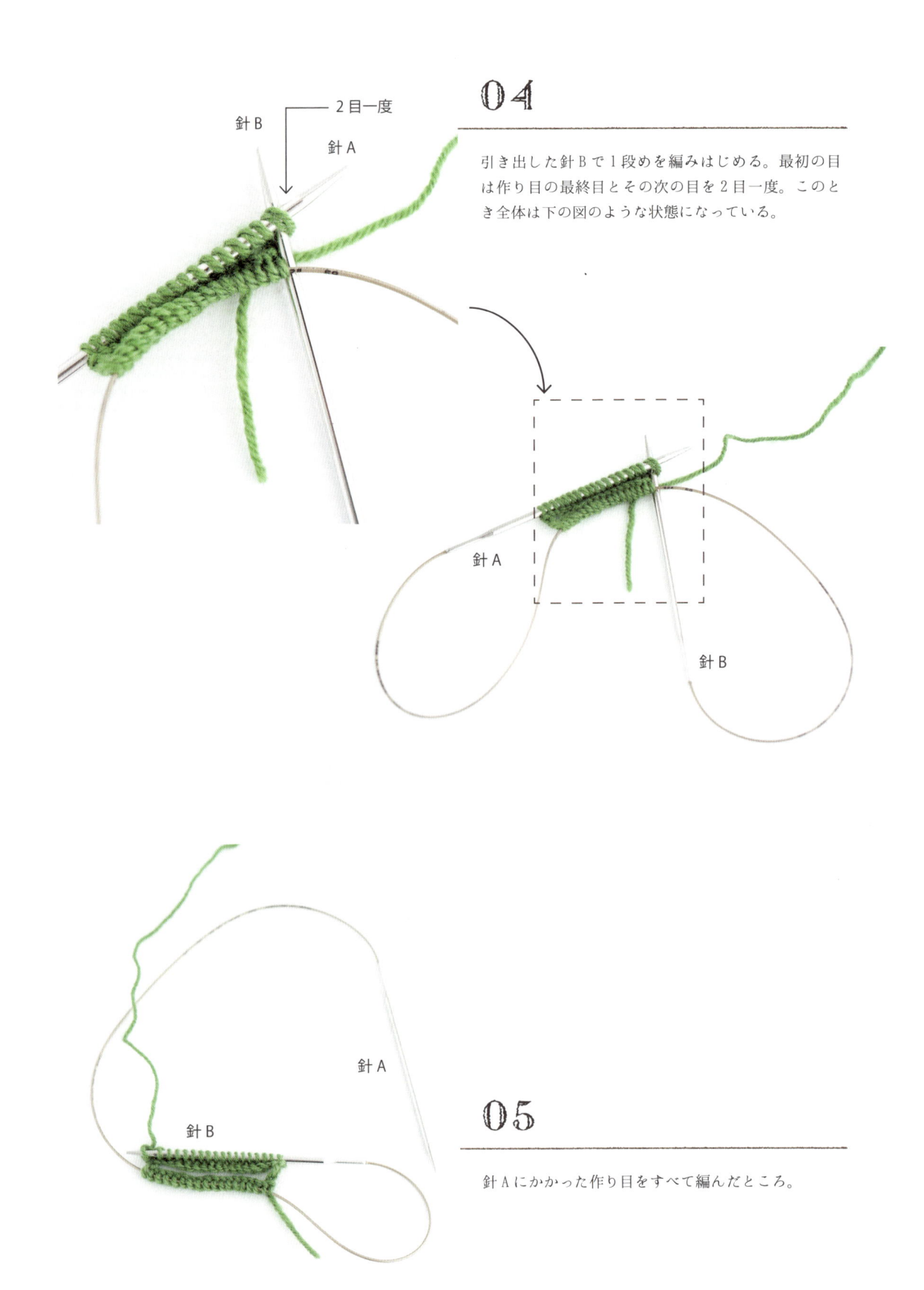

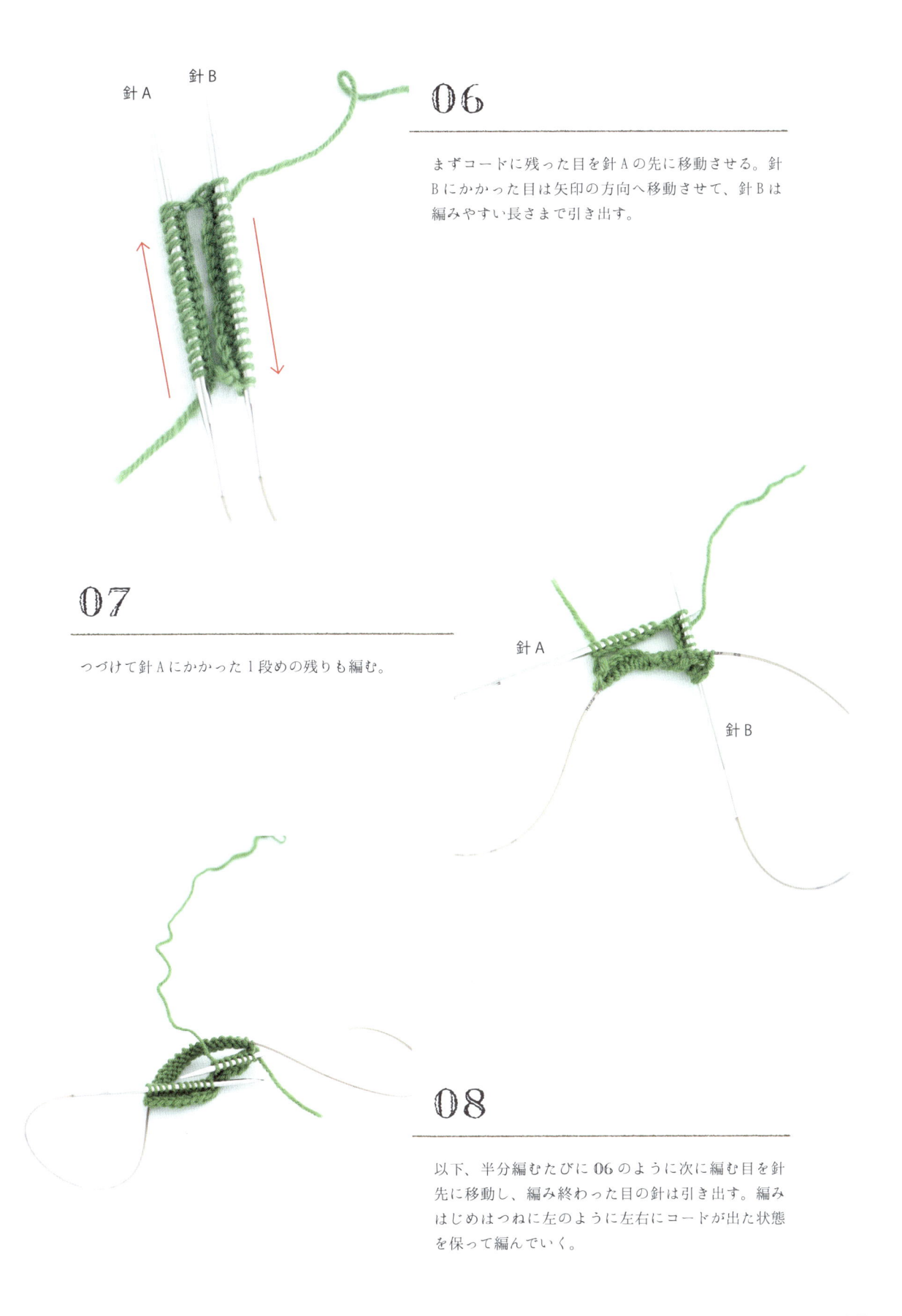

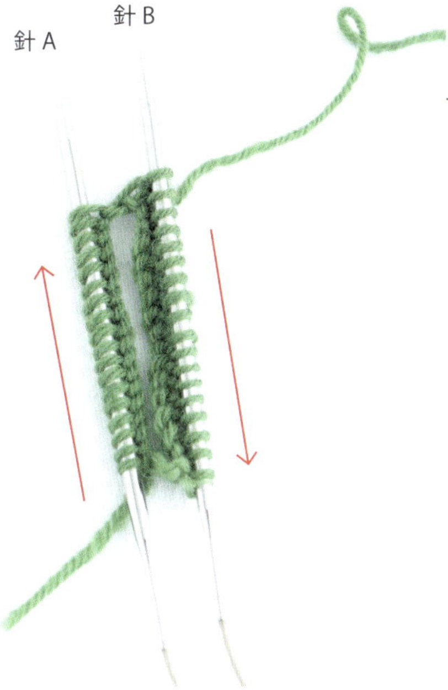

06

まずコードに残った目を針 A の先に移動させる。針 B にかかった目は矢印の方向へ移動させて、針 B は編みやすい長さまで引き出す。

07

つづけて針 A にかかった 1 段めの残りも編む。

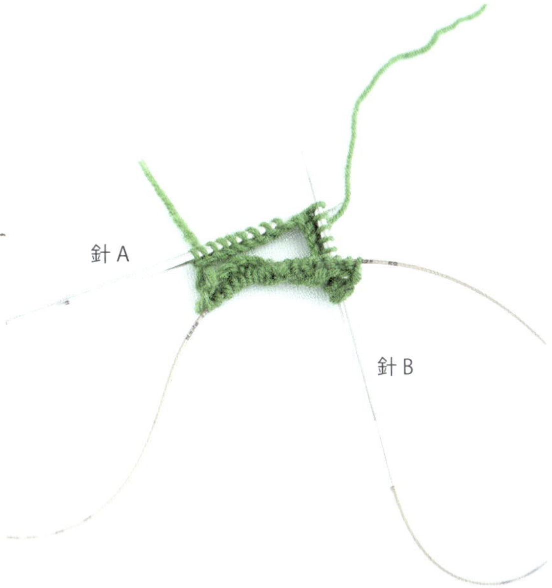

08

以下、半分編むたびに 06 のように次に編む目を針先に移動し、編み終わった目の針は引き出す。編みはじめはつねに左のように左右にコードが出た状態を保って編んでいく。

10 Neck warmer

フリルネックウォーマー

一般的な輪編みとマジックループを組み合わせれば
こんな面白い形も編めちゃいます。
首の長さはお好みで、長くしても短くしても。

How to make >> page 84

11 Wrist warmers

裏ループリストウォーマー

表面はドット柄。でもこのドット、じつは裏が
ループなので暖かい。寒い国のアイディアを応用して、
私なりの編み方を考案しました。

How to make >> page 86

outside

inside

12 Socks

編み込みくつ下

スカラップのような愛らしいラインが目を引くカフスは
簡単なレース編みになっています。
シンプルな幾何学模様を編み込んだ、見せたくなる靴下。

How to make >> page 88

How to use 05

ペア編み

マジックループを応用すると、長い輪針1本でふたつの輪を同時に編んでしまうというさらにマジカルな編み方もできます。リストウォーマーや靴下など、ペアが基本のアイテムはこの編み方をすれば、同じことをくり返す憂鬱さなしに編めるというわけ。

Basic technique → P.48「編み込み指なしミトン」の編み方より

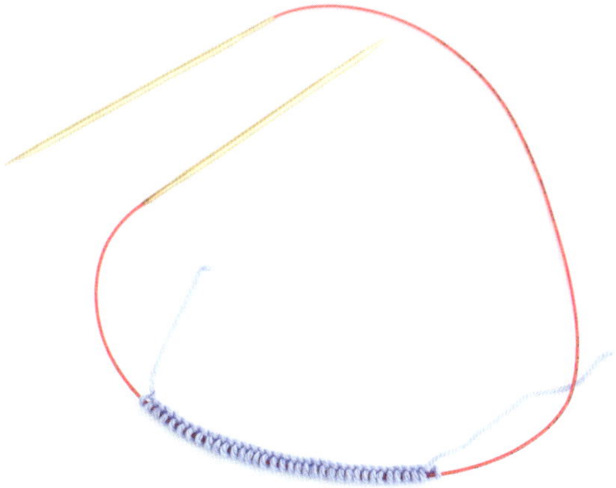

01

輪針にペア a・b の a(ブルー)用の作り目を作る。

02

別針に b(グリーン)用の作り目を作り、もう1本の別針に半分目を分ける。

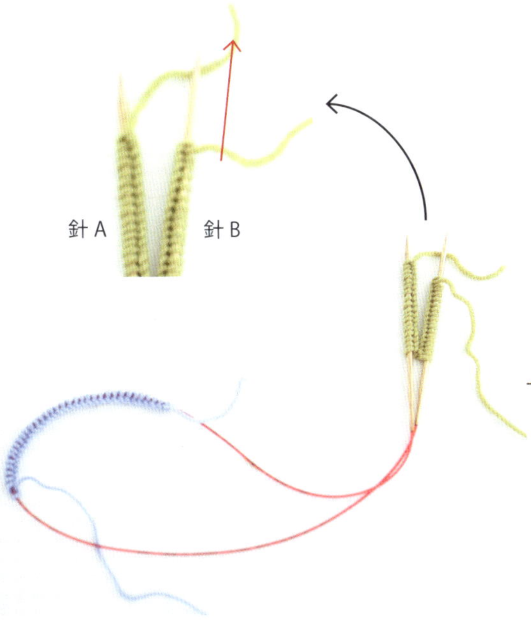

03

b 用の作り目を輪針に移す。このとき a 用の作り目と方向をそろえて移す。移したら、針Bを矢印のほうへ動かして引き出す。

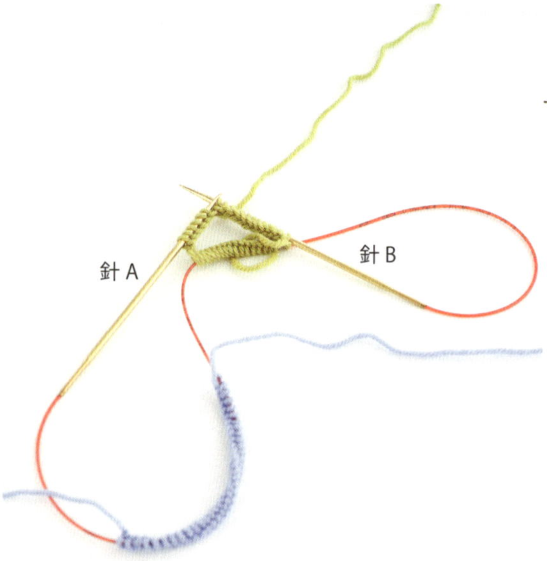

04

針Bで、b(グリーン)から編みはじめる。まずbの半分を編む。bはこの段階で輪になる。

05

編み終わると、右のように輪針の左側にaの作り目、右側に半分編んで輪になったbがかかった状態になる。ここから針Bを引き出す。このとき右端に出たコードを残すよう注意。

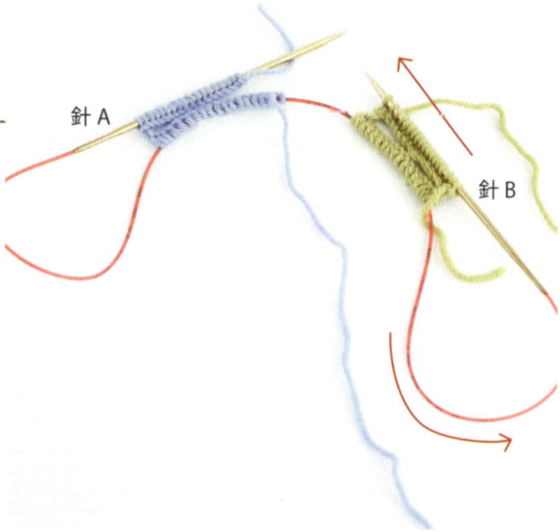

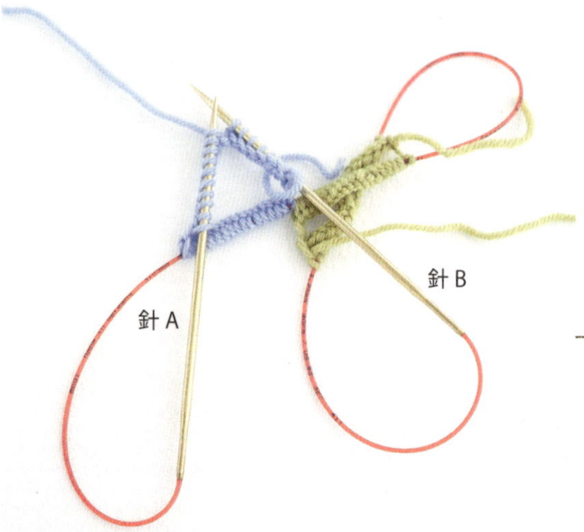

06

引き出した針Bで、編み糸をaの糸(ブルー)に替えてaの半分を編む。aはこの段階で輪になる。

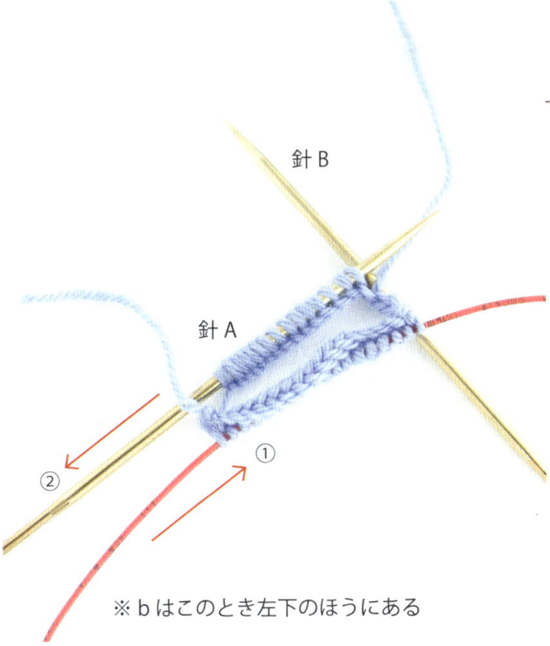

07

a を半分編んだらマジックループ(34 ページ参照)の要領で針 B を①の矢印のほうへ動かして引き出し、針 A は②の矢印のほうへ動かして引き戻す。引き出した針 B で a の残り半分を編む。

08

a の残り半分を編んだところ。b はまだ上半分が作り目のままになっている。針 B を引き出して b の残り半分も編む。

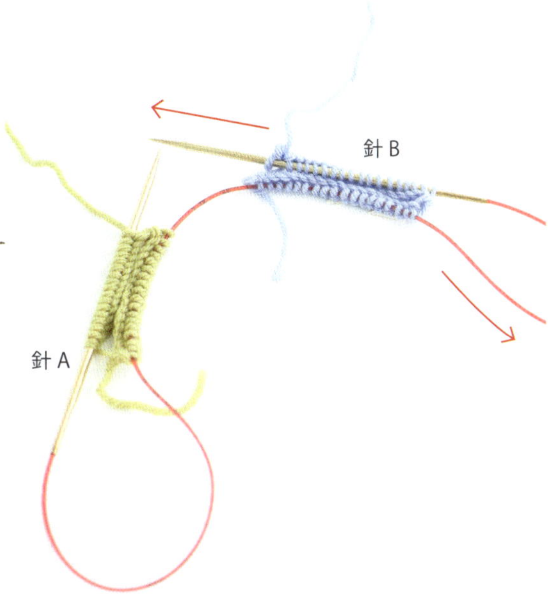

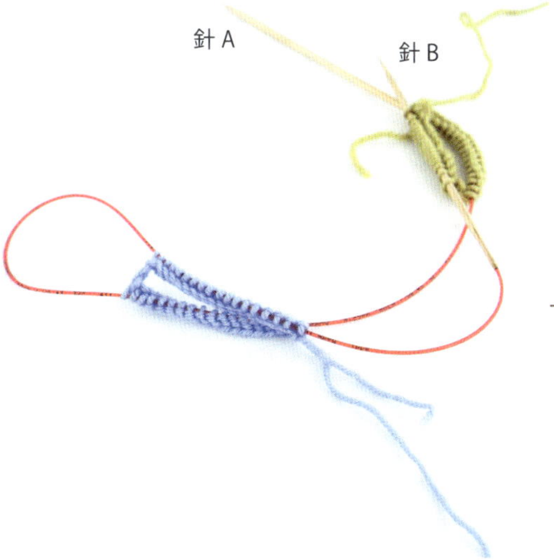

09

b の残り半分も編み終えたところ。以下、針 B を引き出し、**04** からここまでをくり返して編んでいく。

13 Fingerless mittens

編み込み指なしミトン

親指をつけると手の甲がカバーされ、
指先はなくてもリストウォーマーよりあたたか。
ちょっと複雑ですが、挑戦したくなる編み方です。

How to make >> page 90

back side

palm side

14 Leg warmers

段染めレッグウォーマー

裏編みのもこもこした編み地がユーモラス。
ショートブーツの足元を楽しくするニット小物は
思い切ったきれいな色がおすすめです。

How to make >> page 81

How to use 06

2本で編む

輪針の長さに関係なくいろいろな太さの輪を編む方法が、
マジックループのほかにもうひとつあります。それは、同じ号数の
輪針を2本使って編むというもの。輪の半分ずつを違う輪針で編む方法で、
作り目のセットの仕方がポイントです。

Basic technique

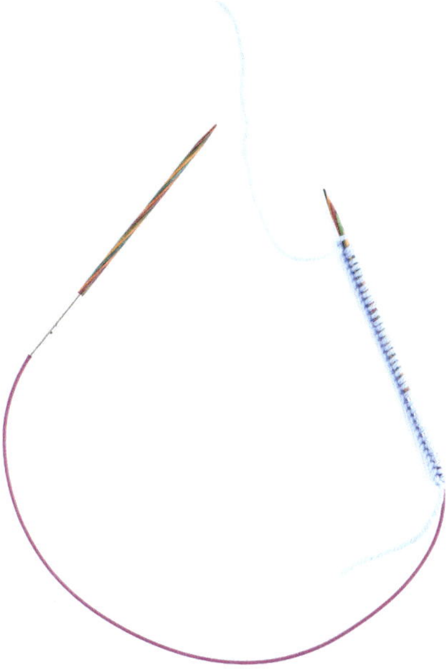

01

輪針Aに必要な数＋1目作り目をする。

02

もう1本の輪針Bに作り目を半分移し（B側が1目多くなるように移す）、それぞれの反対側の針先に移動させる。

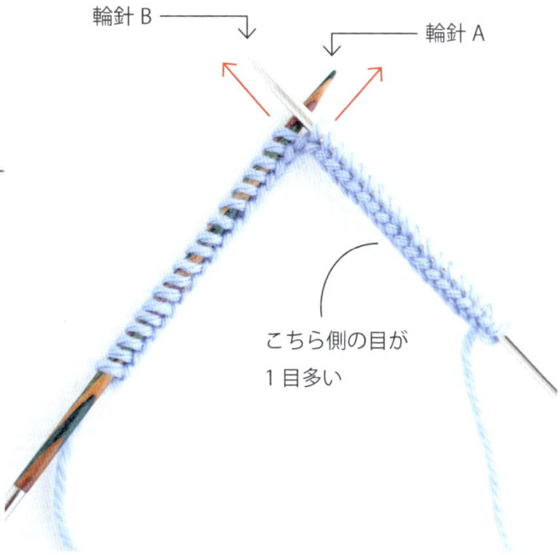

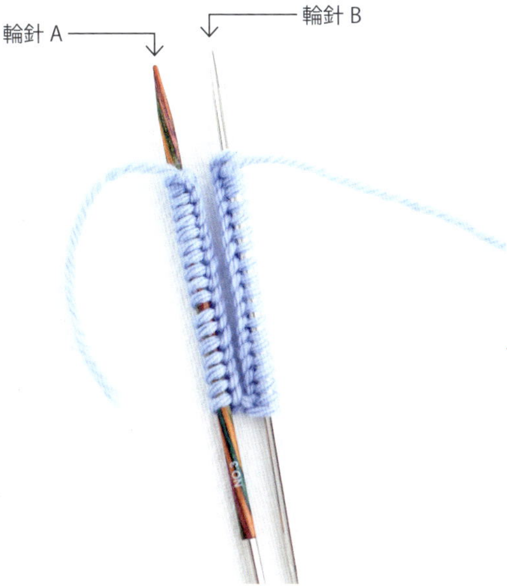

03

作り目を輪針A、Bのそれぞれ反対側に移動させたところ。これがスタートになる。

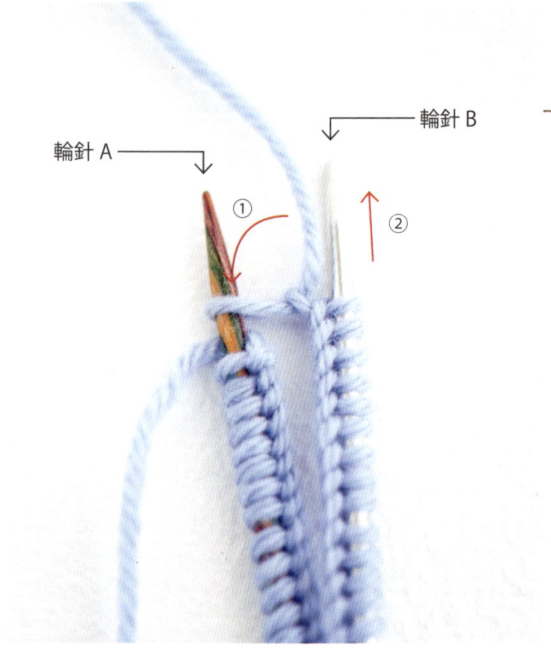

04

作り目の最後の目を輪針Bから輪針Aに移動し(①)、輪針Bを引き出す(②)。

05

輪針B側の作り目はコードの部分に置き、輪針Aで1段めを編みはじめる。最初の目と次の目を2目一度し、3目めからはふつうに編む。

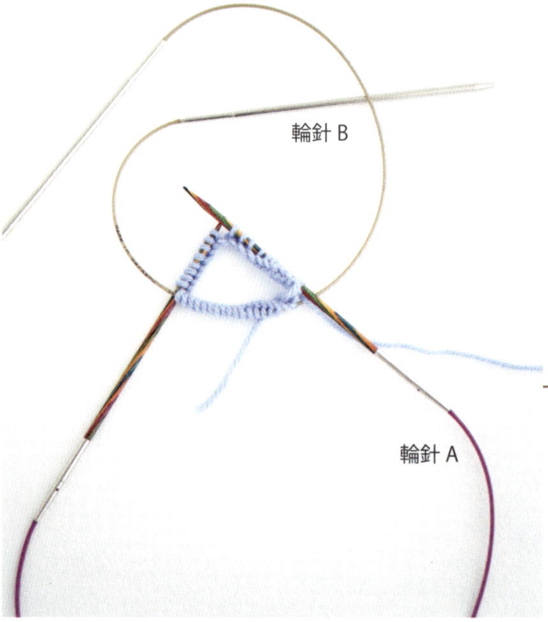

06

1段めのA側の作り目を途中まで編んだところ。2本の輪針の位置関係はこのような状態になっている。

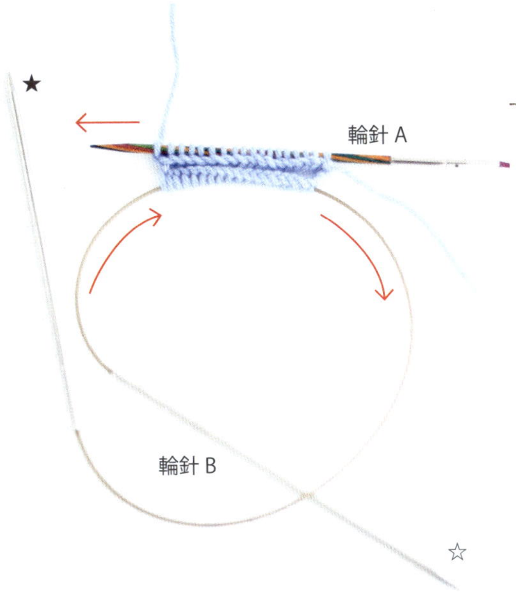

07

A 側の作り目を編み終えたところ。ここで輪針 A を引き出し、輪針 B は逆に引いて☆側に作り目を移動させ、★側の針で編みはじめる。

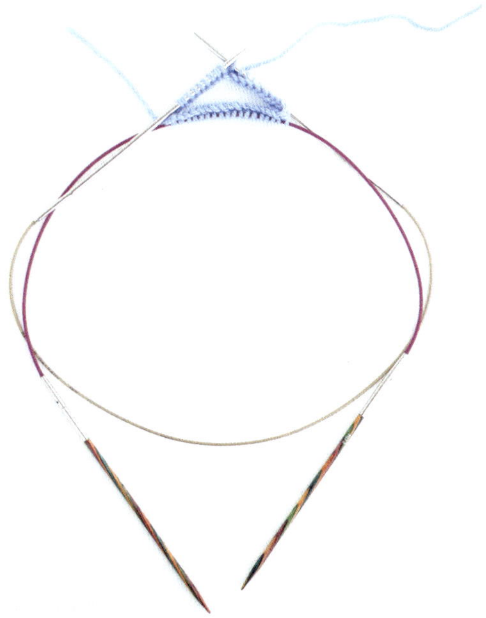

08

B 側の作り目を途中まで編んだところ。全体はこのような状態になっている。

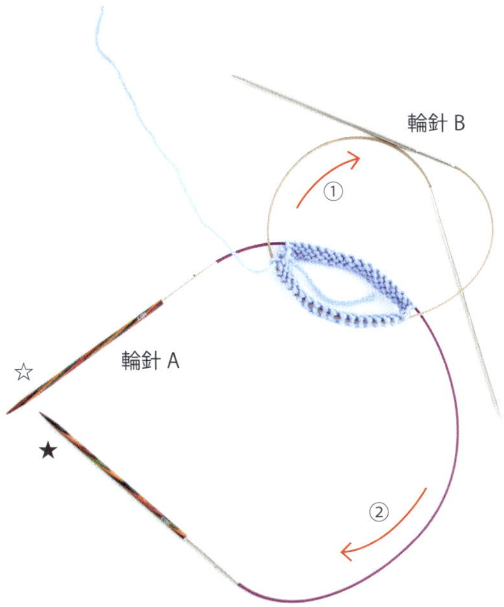

09

B 側の作り目を編み終えたところ。編み終えた目は輪針 B を引き出してコードの部分に移し(①)、針先は上へよけておく。輪針 A は矢印②のほうへ引いて☆側に目を移し、★側で 2 段めを編んでいく。以下、07 からここまでをくり返す。

15 Pencase

編み込みペンケース

好きな色を好きなように組み合わせて1目ごとに変える編み込みは、
規則的でも不規則でも素敵なできあがりになりそう。フェルティングをするのもおすすめ。

How to make >> page 92

16 Pet bottle holder

編み込みペットボトルホルダー

底はかぎ針編みで。意外な色の組み合わせのほうが小物向き。
ペットボトルの変えキャップの色と合わせて思いっきりポップに。

How to make >> page 93

front

back

17 Chair mat

編み込みチェアマット

中心から増し目をして座面のサイズになったら
最初の目数まで減目をしたマット。すべり目の模様がいい感じ。
編み地は二重になるので厚地です。

How to make >> page 94

Column

輪針の収納方法

輪針を２本棒として使うようになってだんだん本数が増え、その収納に長い間困っていました。そんなとき、2006年のシンポジウムでアメリカに住む参加者が写真の輪針収納ケースをプレゼントしてくれました。見たこともないような形でしたが、袋が何枚もセットされ号数別や長さ別に収納できるので大変便利です。デンマーク人の友人は、自分の仕事部屋に透明ビニールの大きなウォールポケットをかけて針を収納し、輪針はウォールポケットを提げてあるポールに掛けてありました。すぐに取り出せて便利そうですが、私のようにとくに仕事部屋もない者にとっては、写真のようなケースが便利です。ただしこのようなケースが必要になるのは、１本１本買いそろえる場合。付け替えできるタイプなら、収納の問題はありません。

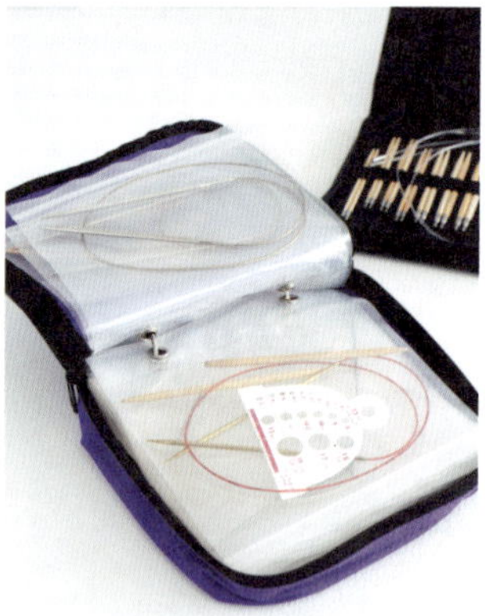

中はこのように、フリーザーバッグのようなジッパーつきの収納袋がリングホルダーでファイルされています。後ろにちらりと見えるのは、付け替えタイプのセットです。

How to make

・記載した寸法のうち、とくに表記がないものの単位はすべてcm（センチメートル）です。
・材料欄に糸の名称とともに記載した番号は、各メーカー製品の色番号です。

Basic lesson 01　いろいろな作り目の方法

一般的な作り目

1.

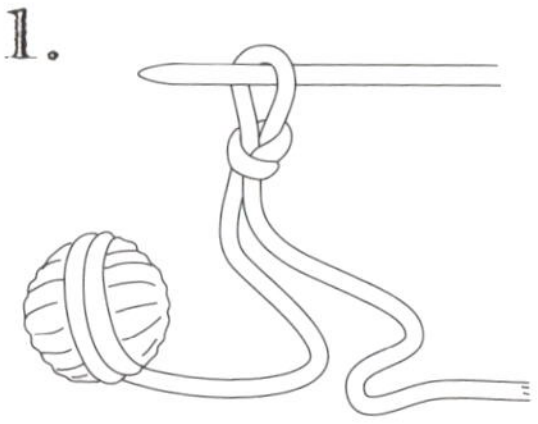

糸端を編み地の約3倍残して結び目を作り、ループを針にかける。

2.

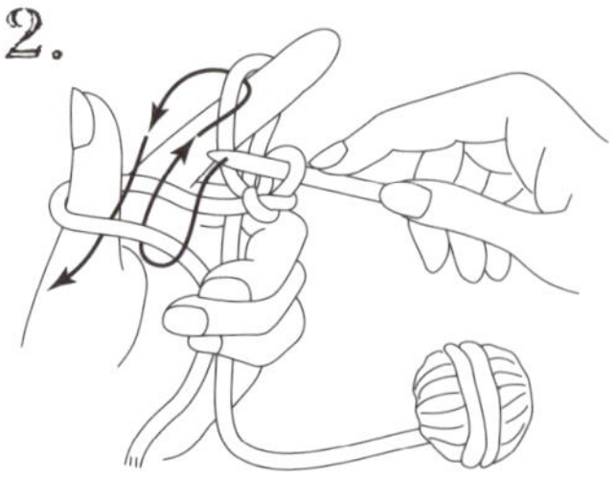

糸端側を親指、糸玉側を人差し指にかけ、矢印のように針を動かす。

3.

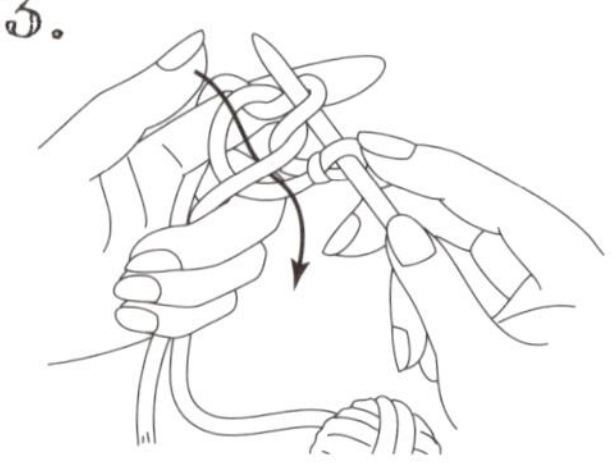

親指の糸を一度はずし、矢印のようにひっかけて引きしめる。

4.

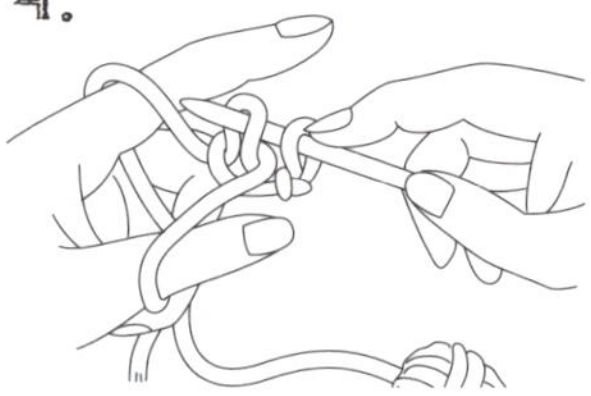

つくり目がひとつでき、これが2目めになる。

5.

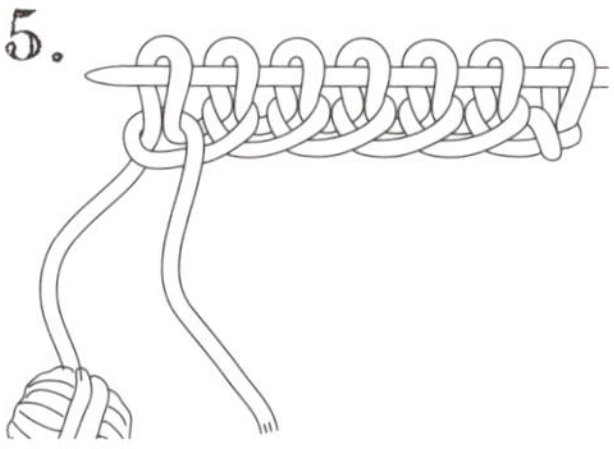

必要な目数まで2〜4をくり返す。糸端は編み玉と同じ側にくる。

編んで作る作り目

1.

糸端を5〜10cm残してループを作り、左針にかける。

2.

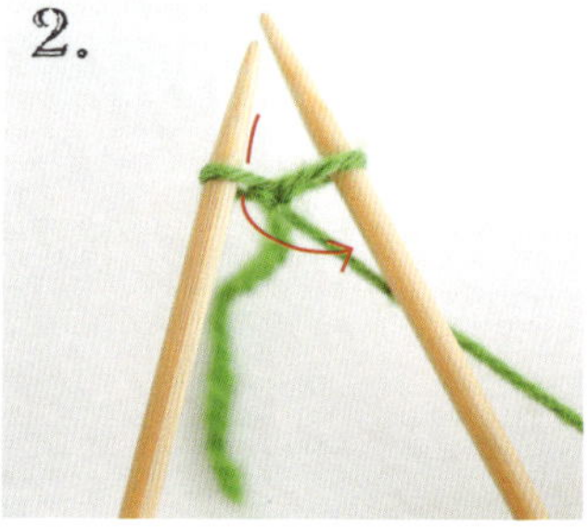

ループに右針を差し込み表編みを1目編む。

3.

右針にかかったループを左針に戻す。

4.

右針を抜くと、作り目が1目完成。

5.

必要な目数まで2〜4をくり返す。

6.

作り目が終わったところ。

かぎ針で作る作り目

1.

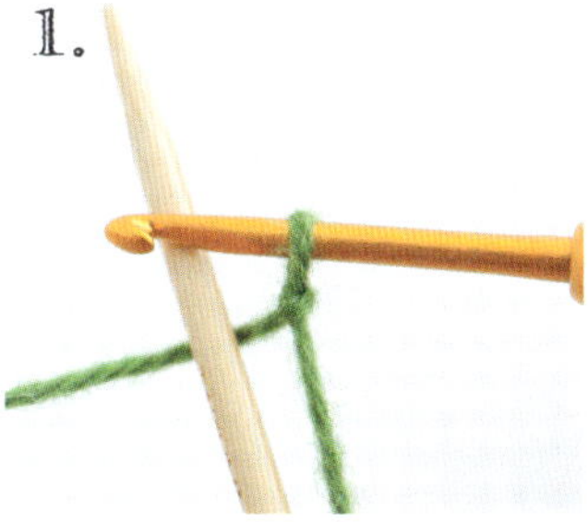

糸端を5～10cm残してループを作り、かぎ針にかけて針を図のように添える。

2.

針の上からかぎ針に糸をかける。

3.

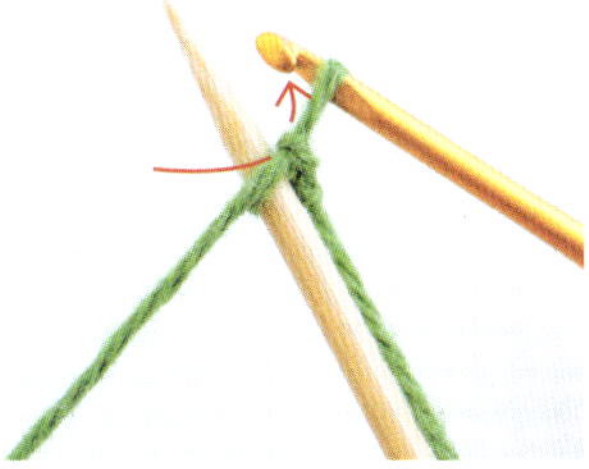

かぎ針にかけた糸を引き抜く。

4.

編み糸を1のように針の下に戻すと、作り目が1目完成。

5.

必要な目数－1目まで2～4をくり返し、最後にかぎ針に残ったループを棒針に移す。

6.

作り目が終わったところ。

One point advise

作り目を使い分けるコツ

作り目にはいろいろな方法がありますが、本書では3種類をご紹介しました。私は一般的な作り目は使いませんが、ニットの常識としてご紹介しました。私がこの作り目を使わないのは、作り目用に残した糸のほうを針に結んで作るので、しばしば糸が足りなくなったり余りすぎたりするためですが､知識として知っておいて損はありません。

私が一番好きな作り目の方法は、かぎ針で作る方法です。端もきれいで作りやすい点がおすすめする理由です。必要目数の鎖を編んでから鎖裏を拾う方法もできあがりは同じように見えますが、鎖目がきつすぎると拾えませんし、鎖目がなかなかそろわなかったりしますので、同じかぎ針を使うなら写真でご紹介した編みつける方法が簡単できれいにできあがります。左下の編んで作る方法は一番簡単でガーター編みの作り目に向いているようです。ドミノ編みを教えてくれたヴィヴィアン・ホクスブロは、ドミノ編みの作り目はすべてこの方法で作ります。自分に向いた方法、編み地に向いた方法を考えて使い分けてください。

Basic lesson 02　基本の編み方

棒針編み

|

表目

1.

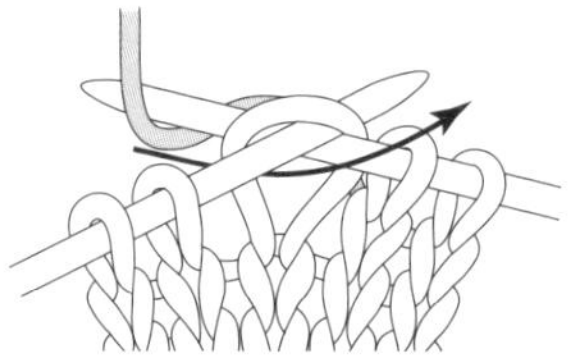

左針の目に手前から右針を入れ、糸をかけ矢印のように引き出す。

2.

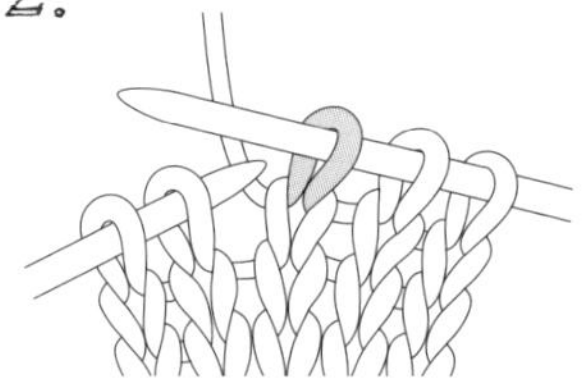

左針から目をはずすと、表目が１目編める。

—

裏目

1.

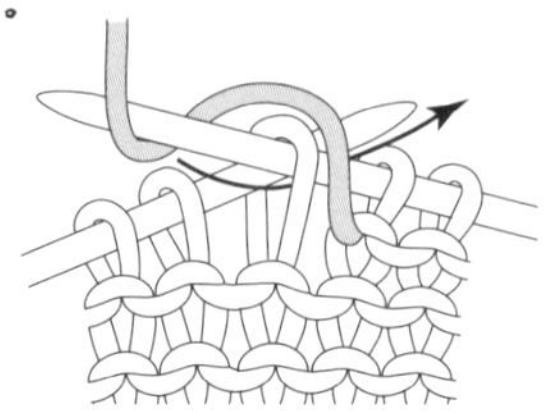

左針の目に向こう側から右針を入れ、糸をかけ矢印のように引き出す。

2.

左針から目をはずすと、裏目が１目編める。

○

かけ目

1.

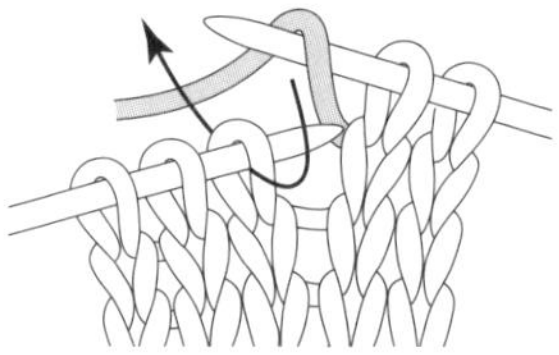

右針に糸を手前から向こう側へかけ、そのまま次の目を編む。

2.

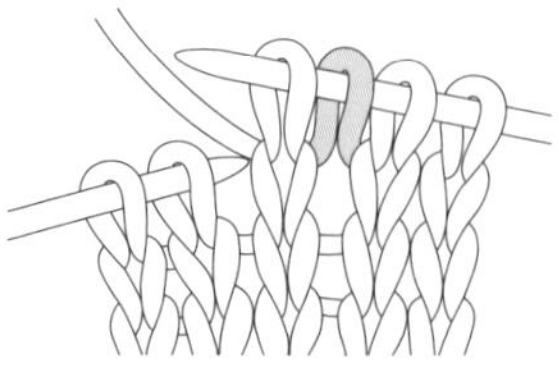

前の目と次の目の間に、１目増える。

∨

すべり目

1.

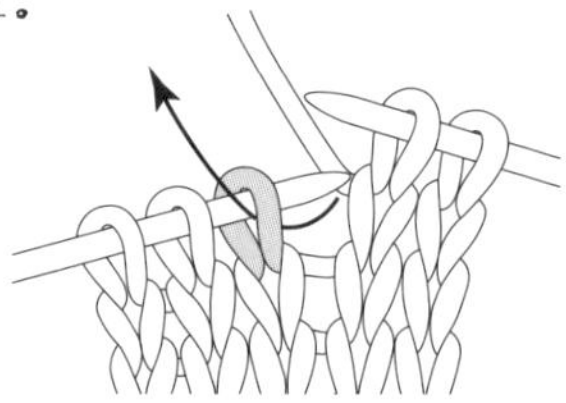

糸を向こう側に置き、矢印のように針を入れて１目右針に移す。

2.

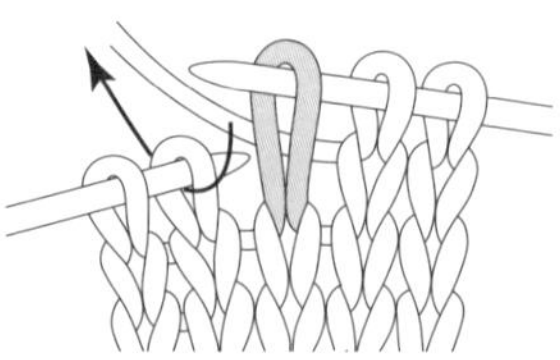

そのまま次の目を編む。

右上2目一度（表目）

1.

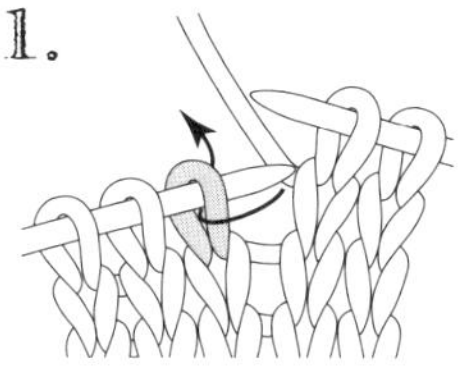

1目めは矢印のように針を入れ、右針に移す。

2.

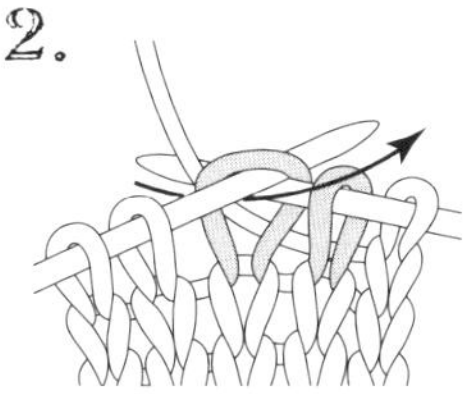

2目めを表編みする。

3.

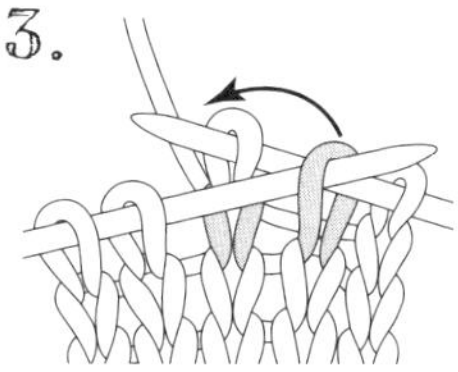

1目を2目めにかぶせると、1目減る。

左上2目一度（表目）

1.

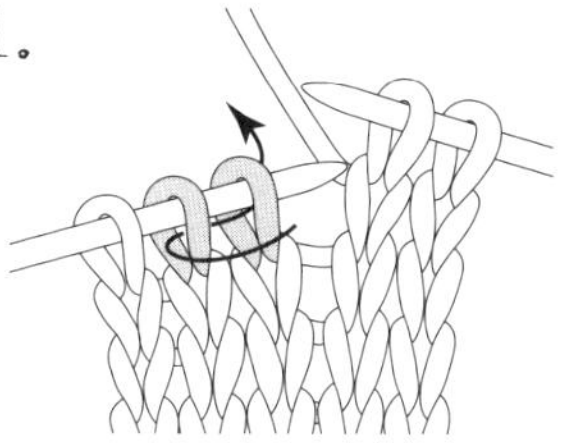

2目に矢印のように同時に針を入れる。

2.

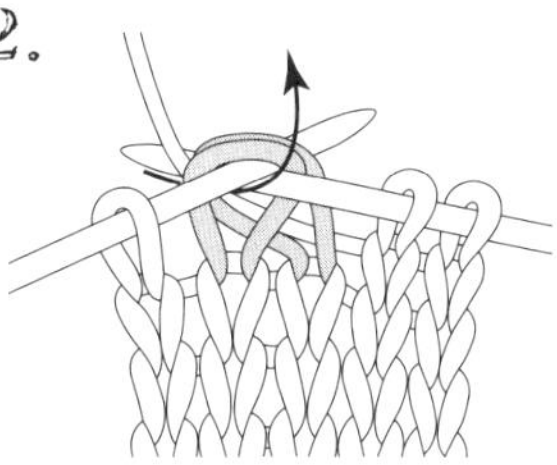

糸をかけ、表編みをすると1目減る。

右増し目

1.

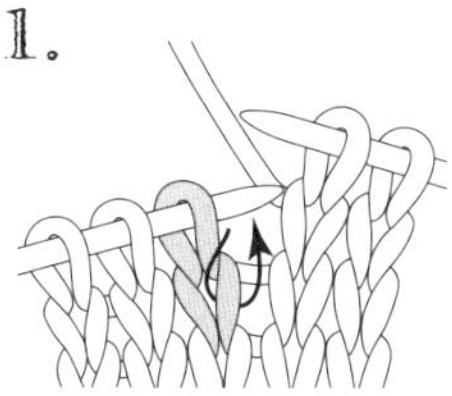

左針の1段下の目に矢印のように右針を入れる。

2.

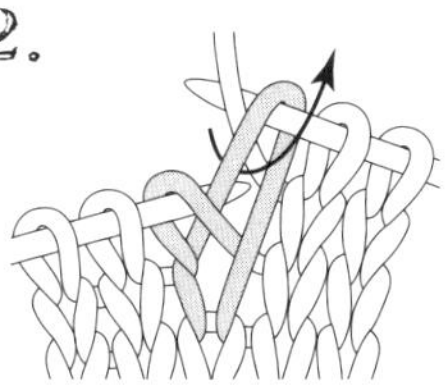

糸をかけ表編みをする。

3.

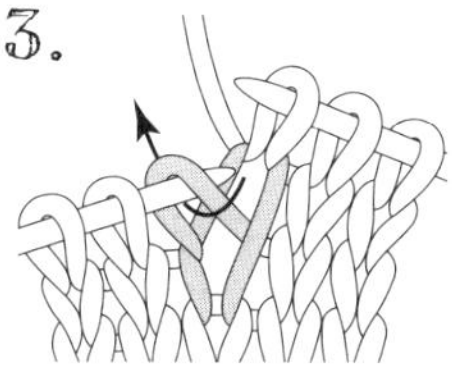

左針にかかった目も編むと右側に1目増える。

左増し目

1.

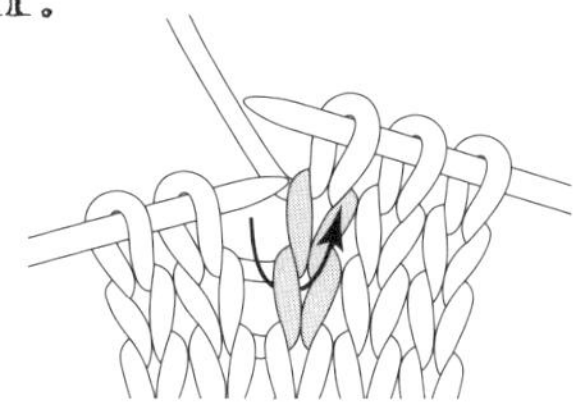

右針の2段下の目に矢印のように左針を入れて目を拾う。

2.

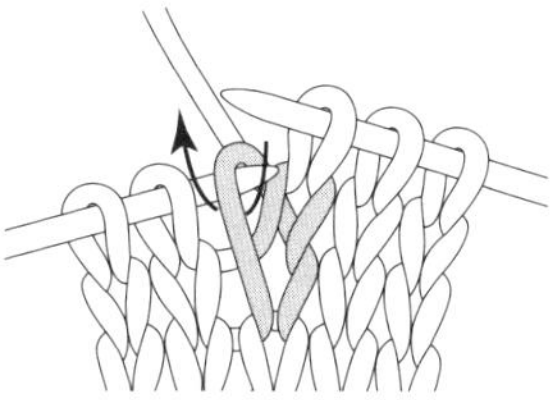

糸をかけ、拾った目を表編みにすると左側に1目増える。

中上
3目一度

1.

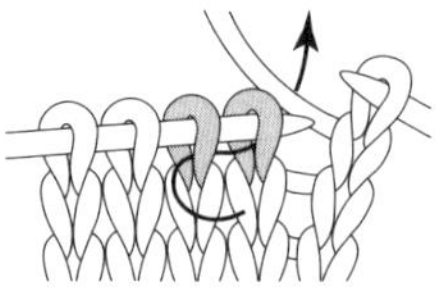

右針を矢印のように2目に入れ、そのまま2目を右針に移す。

2.

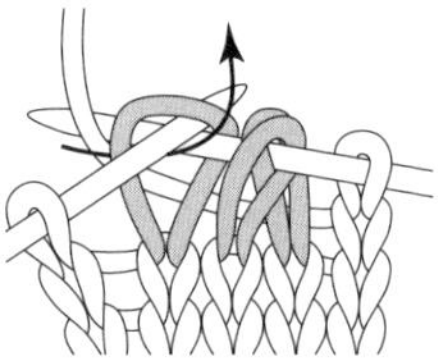

3目めを表編みにする。

3.

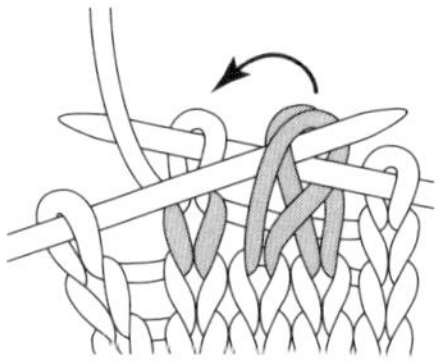

編んだ3目めに右針に移した2目をかぶせる。

伏せ止め

1.

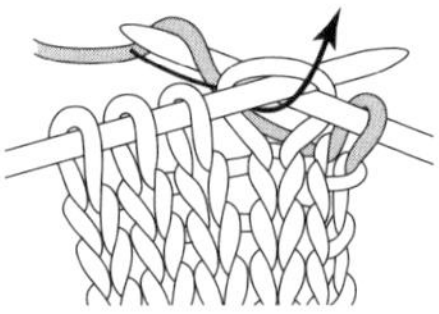

表編みを2目編む。

2.

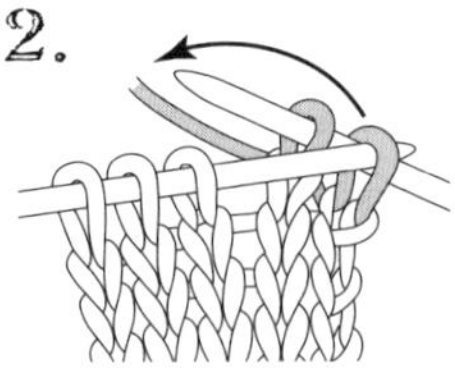

左針を使って1目めを2目めにかぶせる。

3.

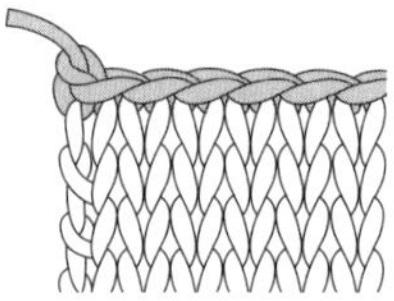

次の目以降も表目で編み、前の目をかぶせる。

右上交差
(2目)

1.

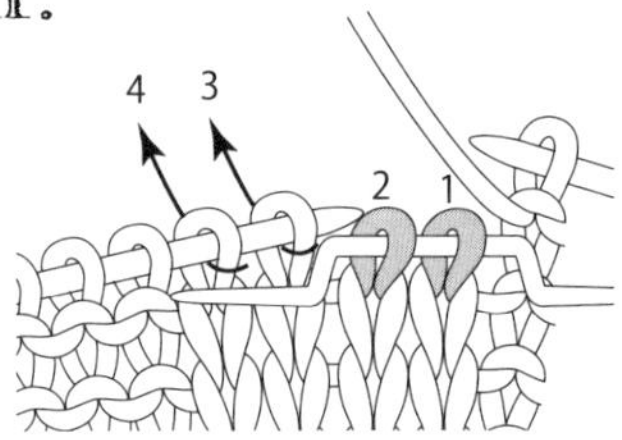

1､2の目を別針に移して手前に置き、向こう側で3、4の目を編む。

2.

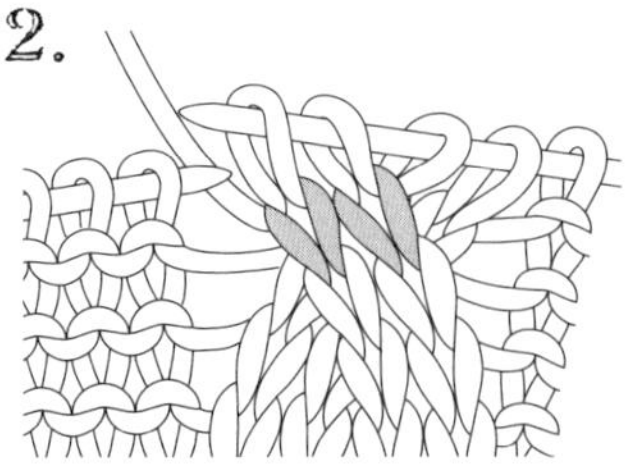

別針に移した1、2の目を編むと、右側が前に出た2目交差になる。

左上交差
(2目)

1.

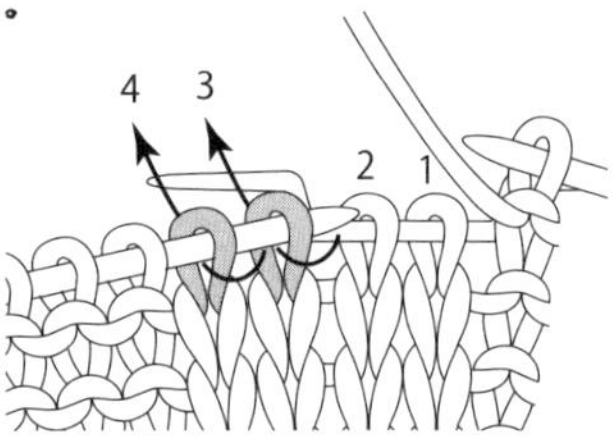

1、2の目を別針に移して向こう側に置き、手前で3、4の目を編む。

2.

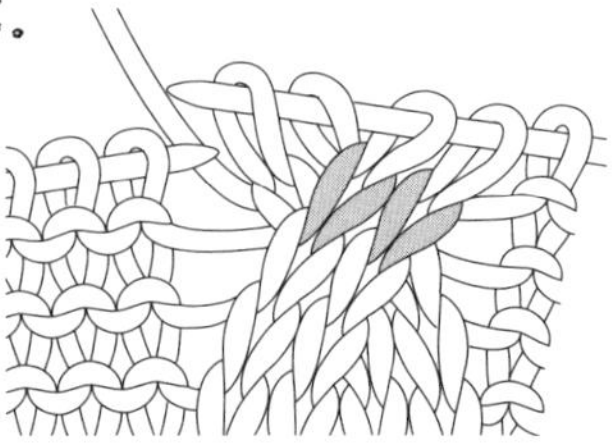

別針に移した1、2の目を編むと、左側が前に出た2目交差になる。

｜	ℓ	｜
｜	｜	

ねじり増し目（表目右側）

1\.

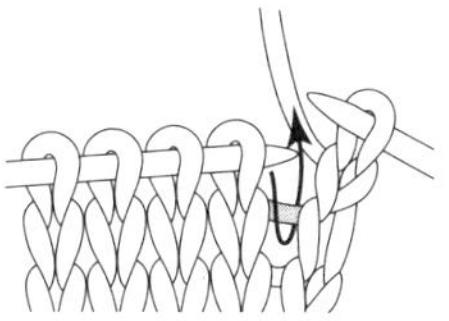

端の目を１目編み、２目めとの間に渡った糸を矢印のように左針で引き上げる。

2\.

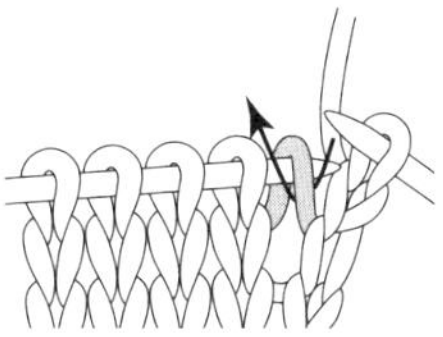

引き上げた糸に、右針を矢印のように入れる。

3\.

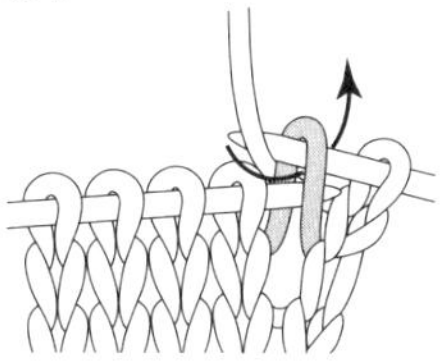

糸をかけて表編みをする。

｜	ℓ	｜
	｜	｜

ねじり増し目（表目左側）

1\.

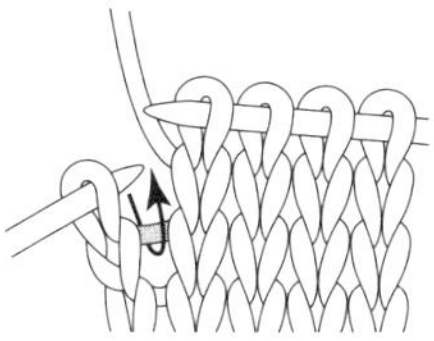

端の目の１目手前まで編み、端の目との間に渡った糸を矢印のように左針で引き上げる。

2\.

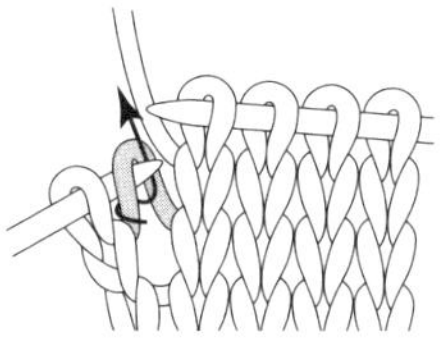

引き上げた糸に、右針を矢印のように入れる。

3\.

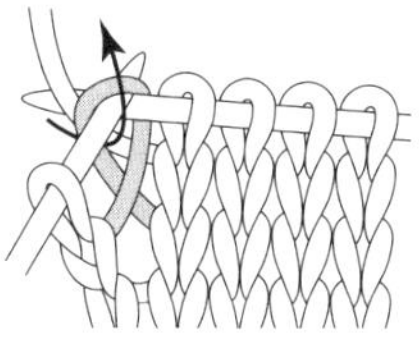

表編みをすると、右側とはねじれが逆のねじり増し目になる。

—	ℓ	—
—	—	

ねじり増し目（裏目右側）

1\.

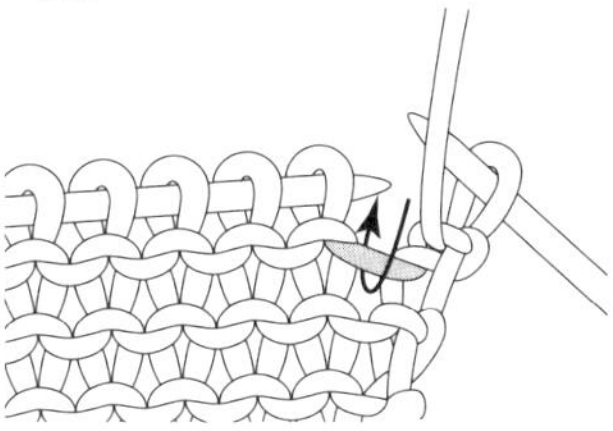

端の目を１目編み、２目めとの間に渡った糸を左針で引き上げる。

2\.

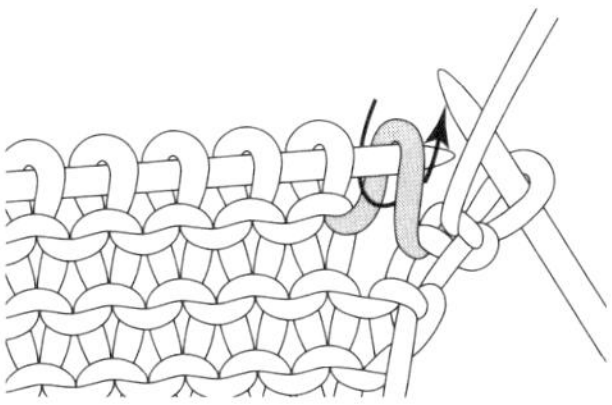

引き上げた糸に、矢印のように針を入れて裏編みをする。

—	ℓ	—
	—	—

ねじり増し目（裏目左側）

1\.

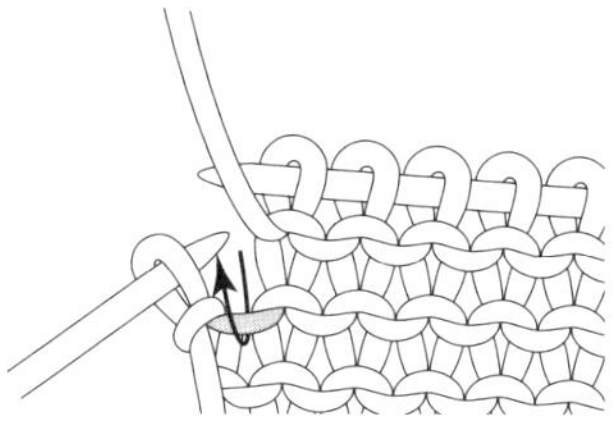

端の目の手前まで編み、端の目との間に渡った糸を左針で引き上げる。

2\.

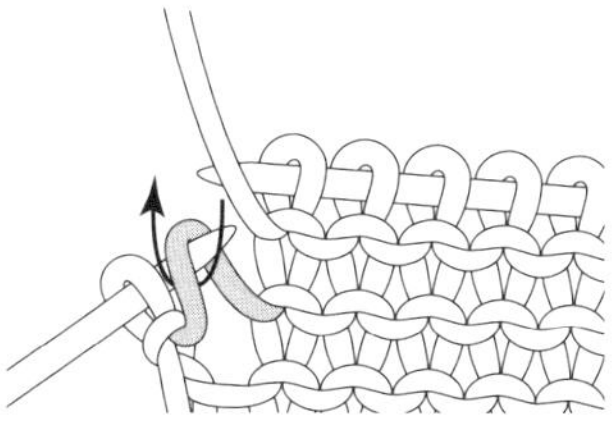

引き上げた糸に、矢印のように針を入れて裏編みをする。

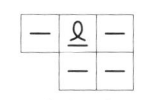

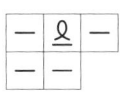

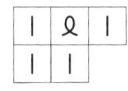

かぎ針編み

くさり編み

1.

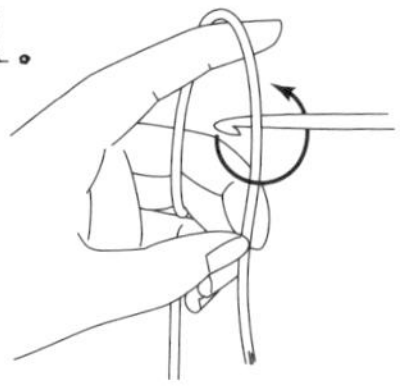

糸の向こう側に針を置き、矢印のように針先を動かす。

2.

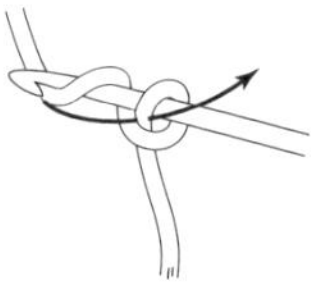

交差した部分を押さえながら、針に糸をかけて引き出す。

3.

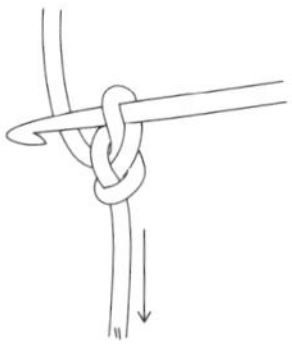

糸端を引きしめると、最初の1目が編める（1目には数えない）。

4.

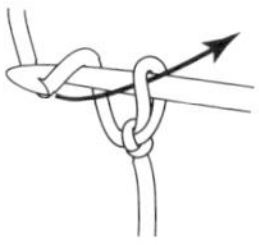

さらに針に糸をかけて引き出すと、くさり編みが1目編める。

5.

4をくり返して必要な目数になるまで編む。

細編み

1.

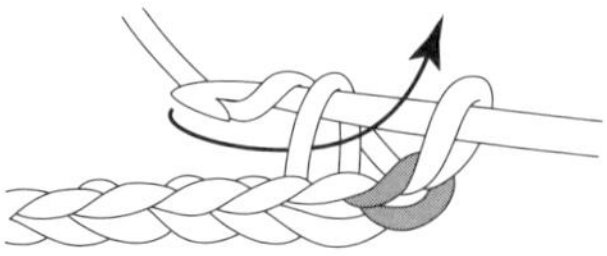

立ち上がりのくさり1目をとばして次の目に針を入れ、糸を引き出す。

2.

針に糸をかけ、針にかかった2本のループから一度に引き抜く。

3.

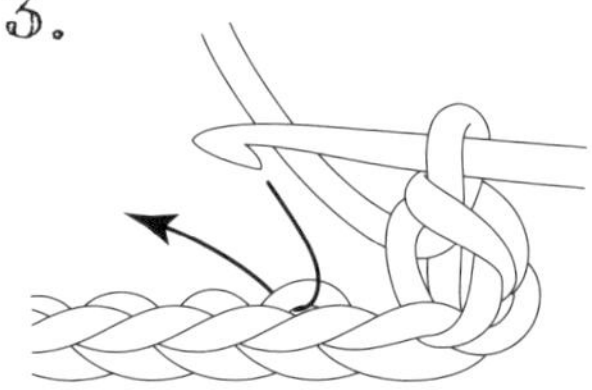

細編みが1目完成。続けて同様に編む。

引き抜き編み

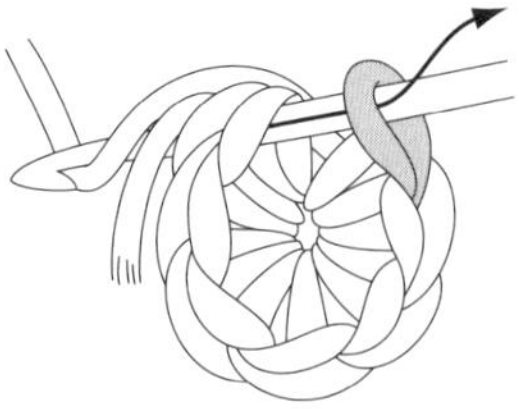

引き抜く目に針を入れ、糸をかけて矢印のように引き抜く。

すじ編み

※輪に編む場合。往復編みで編むと「うね編み」になる。

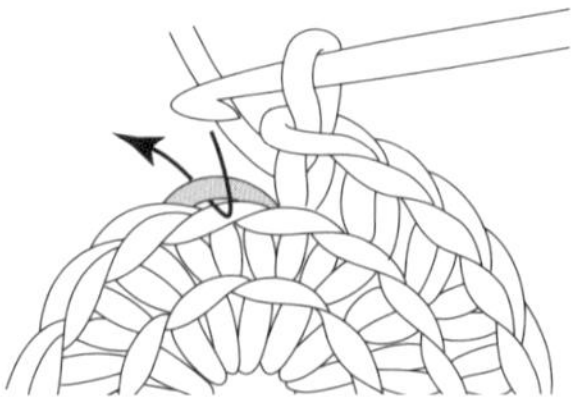

前段のくさり目の向こう側だけをすくって細編みを編む。

01 クラウンターバン

photo >> page 12

材料

パピーシェットランド　NO.8（生成り）40g

用具

5号40cm輪針、6号かぎ針

できあがり寸法

頭囲42× 幅12cm

編み方ポイント

・模様編みは14目1模様です。全体で8回模様をくり返します。

・段のはじめに3目一度をする8～12段め、20段め、22段め、24段めでは、前段の最終目を編まずに最初の2目と3目一度にします。この操作をしないと模様編みの柄がずれるので要注意。

編み方手順（Basic technique >> page 11）

1　かぎ針で作る作り目で112目作り目をする。

2　1段めはすべて裏編みにする（ここからは輪編み）。

3　2段めからは偶数段で模様編み、奇数段では表編みにする。

4　8段めから12段めまでの偶数段では、前段の最終目を編まずに最初の2目と3目一度にする。20段め、22段め、24段めでも同様にする。

5　27段めでは8目ごとに2目一度をして全体で14目減目する。

6　28段めからは1目ゴム編みを8段編む。

7　最後は伏せ止めをする。

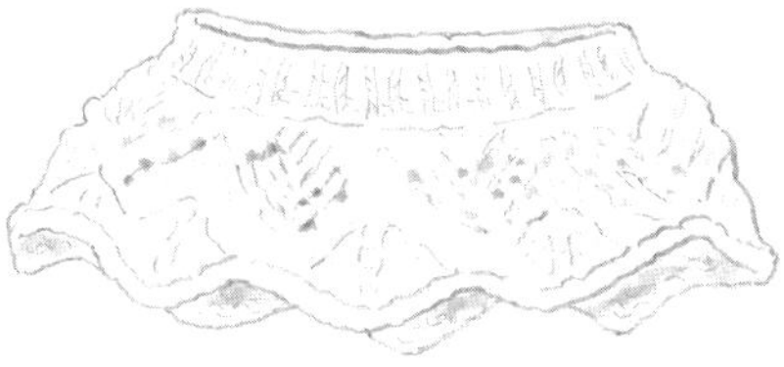

模様編み

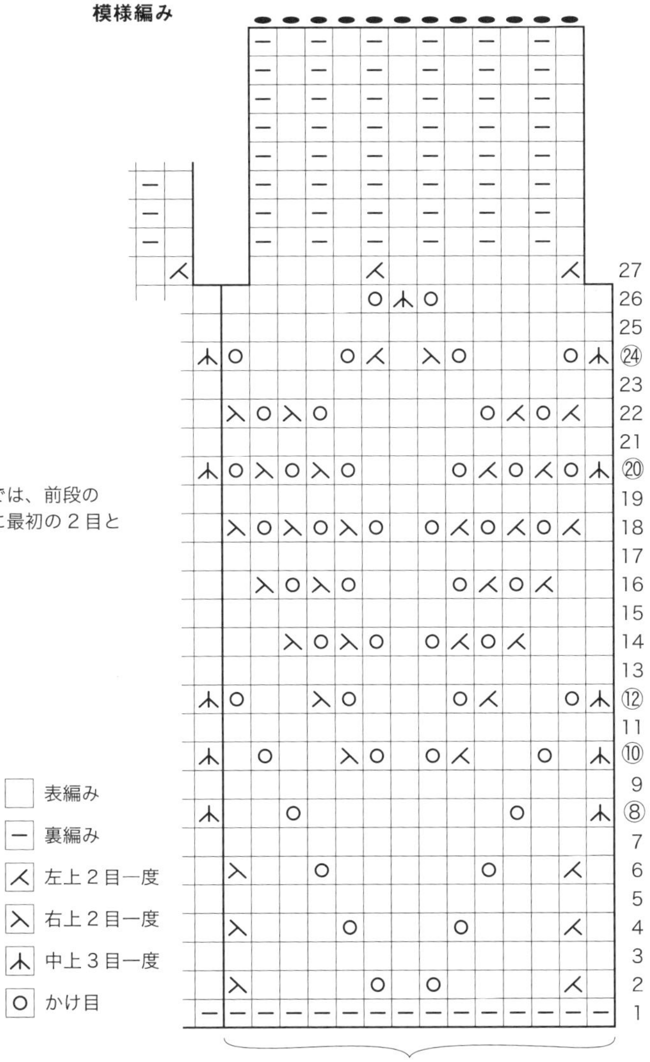

14目1模様
※8回くり返す

＊○囲み数字の段では、前段の最終目を編まずに最初の2目と3目一度にする

製図

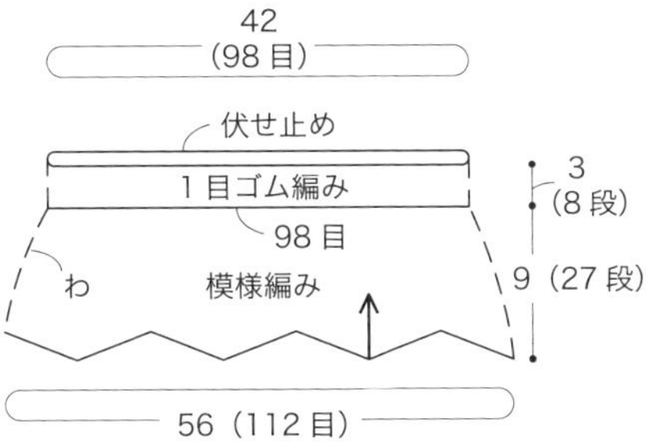

02 あったかチューブトップ

photo >> page 13

材料

パピーシェットランド　NO.8（生成り）160g

用具

6号80cm輪針、6号かぎ針、縄編み針

できあがり寸法

胴まわり64×丈39cm

編み方ポイント

・下辺と上辺は引き返し編みで身頃の上下にカーブをつけますが、ここは輪に編まず、往復編みで80目ずつ、2回に分けて編みます。

・引き返し編みをする際、前身頃は中央の模様編みも同時に編むので、縄編みのクロスを編む段を確認しながら編みましょう。

・ストラップを2本つけ、キャミソールスタイルにするのもおすすめ。

編み方手順

1　かぎ針で作る作り目で160目作り目をする。

2　1段めから6段めまではすべて2目ゴム編みをする。

3　7～19段めは引き返し編みをする。まず50目編んだら持ち替えて20目（8段め）、さらに持ち替えて26目（9段め）編む。前身頃側では同時に中央の模様編みも編むので、9段めでは縄編みのクロスも編む。以下同様に、引き返し編みの図に記載された目数の通りに16段めまで編む。17段めから続けて後ろ身頃側を50目編み（前身頃の7段めと同じ）、前身頃と同じように17段めまで編んだら筒に編む。

4　18～108段めは2目ゴム編みと前身頃の模様編みをしながら輪に編む。途中、33段めと45段めに脇の4カ所で2目一度、61段めと81段めに脇の4カ所で増し目をする。

5　109～119段めもすそ側と同様に、図を参照して引き返し編みをする。引き返し編みの最後は119段めの20目を裏編み、続けて脇まで2目ゴム編み。

6　120～125段めの6段はすべて2目ゴム編み、最後に伏せ止めをする。

製図

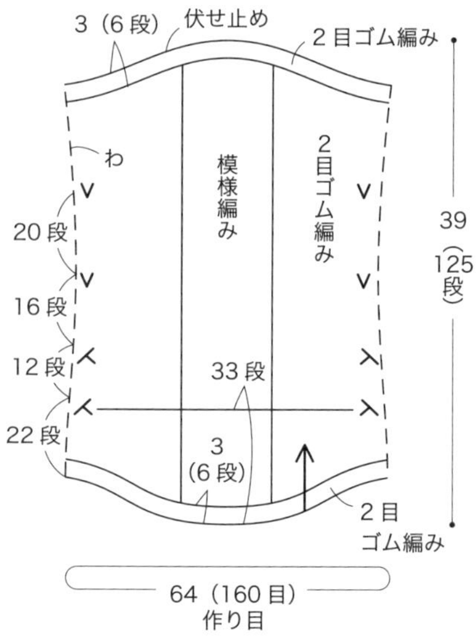

引き返し編み

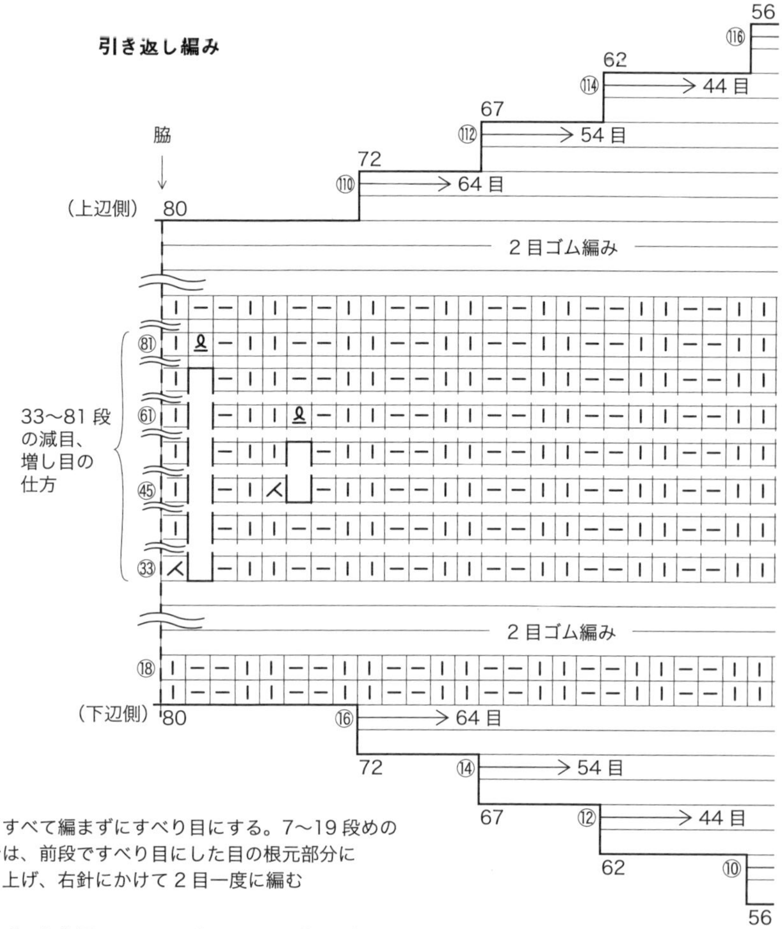

※引き返し編みの最初の目は、すべて編まずにすべり目にする。7～19段めの引き返し編みをした次の段では、前段ですべり目にした目の根元部分にかかったループを右針で引き上げ、右針にかけて2目一度に編む

※引き返し編み部分は輪に編まず、往復編みで80目ずつ、2回に分けて編む。81～160目は中央の模様編み部分も2目ゴム編みで編み、そのほかは1～80目と同様に編む

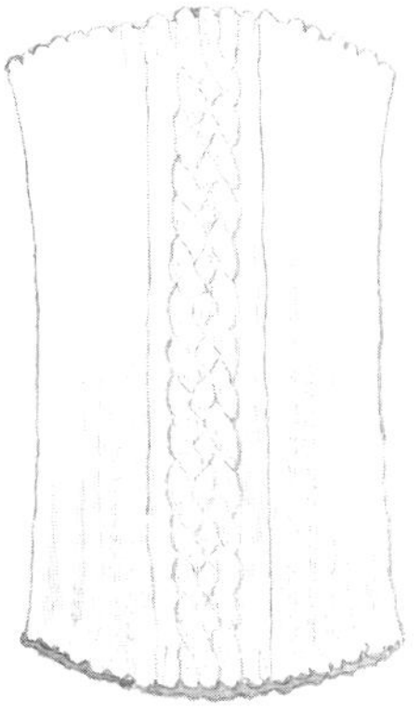

模様編み

□ 裏目
| 表目

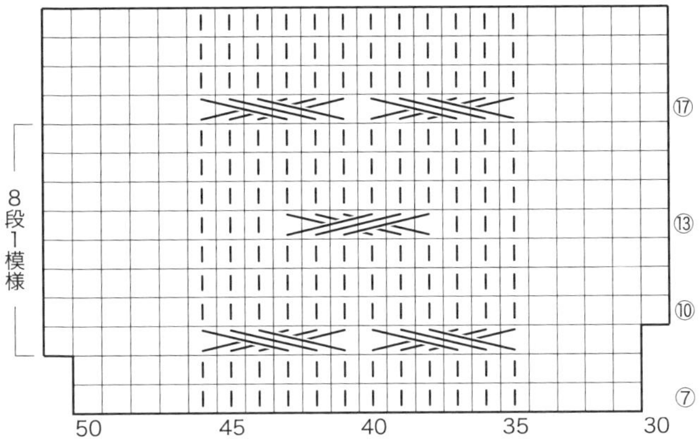

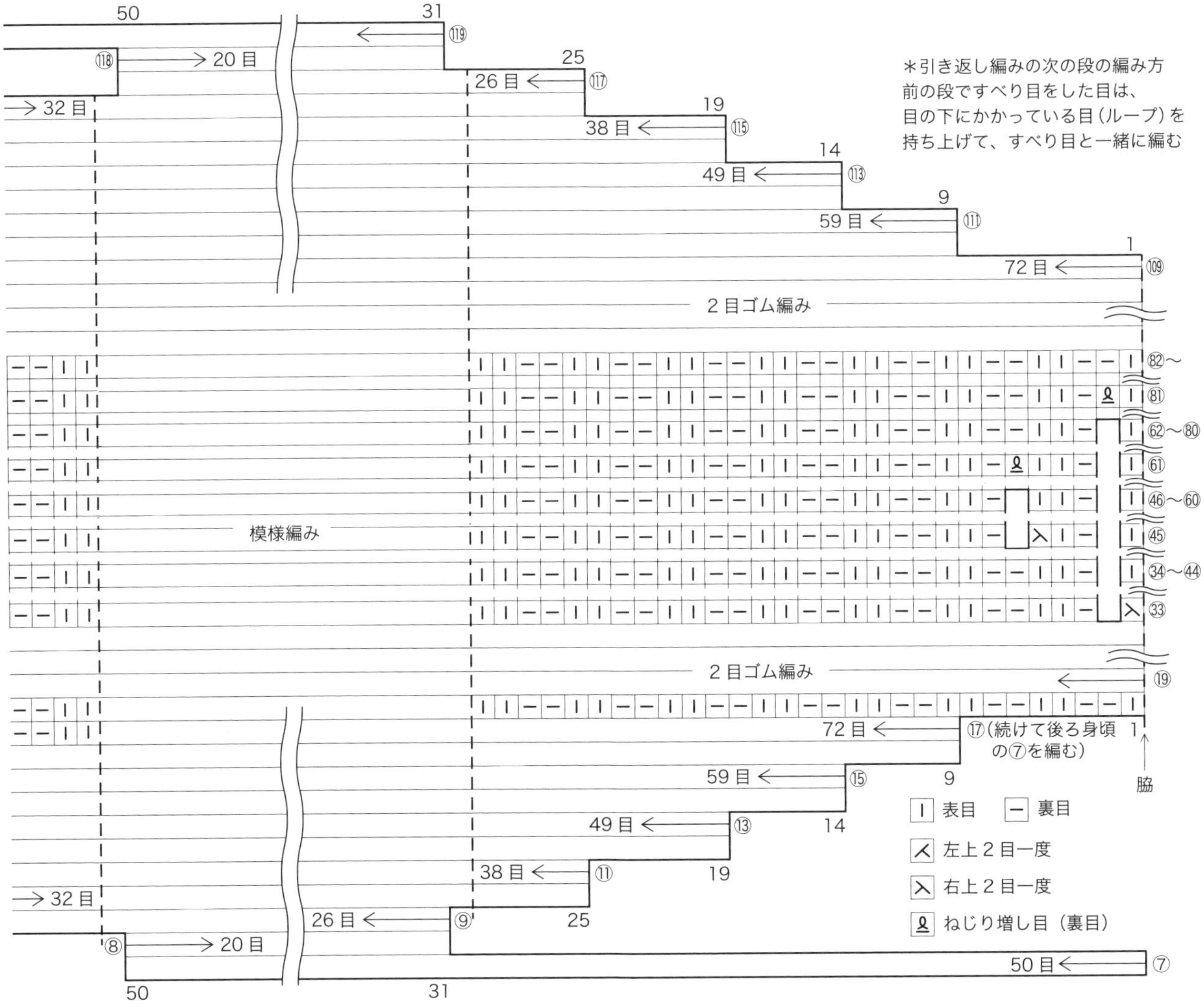

＊引き返し編みの次の段の編み方
前の段ですべり目をした目は、
目の下にかかっている目（ループ）を
持ち上げて、すべり目と一緒に編む

03 オーバースカート

photo >> page 14

材料

ておりやオリジナルモークウール A
NO.22（赤）150g、NO.25（ラベンダー）10g

用具

4 号 80cm 輪針、5 号かぎ針、4 号棒針（ダブルポイントタイプ）

できあがり寸法

ウエスト約 64 ×丈 46cm

編み方ポイント

・模様編み A、B の編み図は 1 模様（全体の 14 分の 1）になっています。

編み方手順

1　かぎ針で作る作り目で 224 目作り目をする（赤）。

2　赤でガーター編みを 3 段編み、表編みをラベンダー、裏編みを赤で編む 2 目ゴムを 14 段（4 ～ 17 段め）編む。

3　18 ～ 74 段めは赤で模様編み A を編む。16 目 1 模様を全体で 14 回くり返す。途中、部分ごとに別の段で左上 2 目一度をして減目する。製図のⓐ部分は 27 段めに全体でー 8 目、ⓑ部分は 43 段めに全体でー 8 目、ⓒ部分は 59 段めに全体でー 12 目減目する。

4　75 段めで 2 目一度をして全体で 14 目減らし、182 目にしたら、模様編み B を編む。

5　145 段めで 13 目ごとに左上 2 目一度とかけ目をしてひも通し穴を 14 個作る。

6　さらに模様編み B を 4 段編み、最後は伏せ止めをする。

7　3 目のコード編みで長さ 130cm のひもを編み、ひも通し穴に通して前中心で結ぶ。

製図

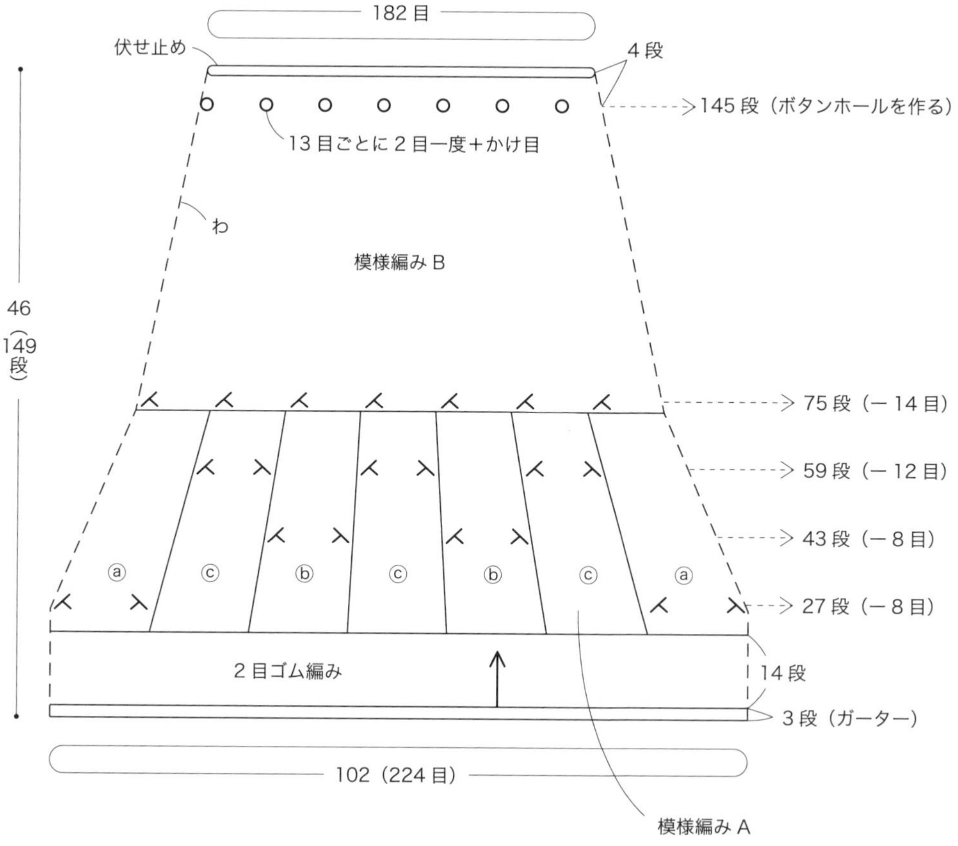

※ひもは 3 目のコード編み　長さ 130

すそと２目ゴム編み図

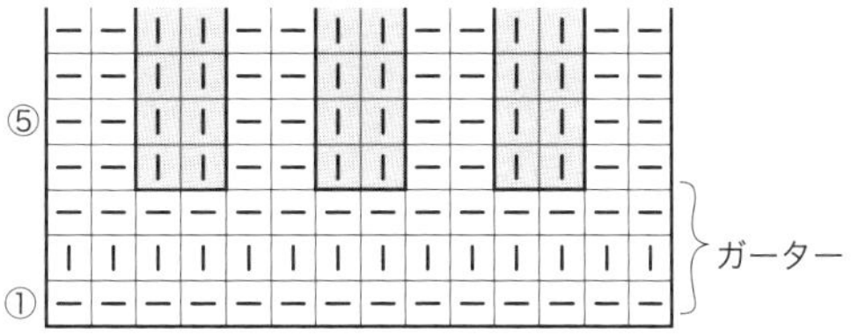

□ 赤　▩ ラベンダー

Ａ・Ｂ模様編み図　　※模様を全体で１４回くり返す

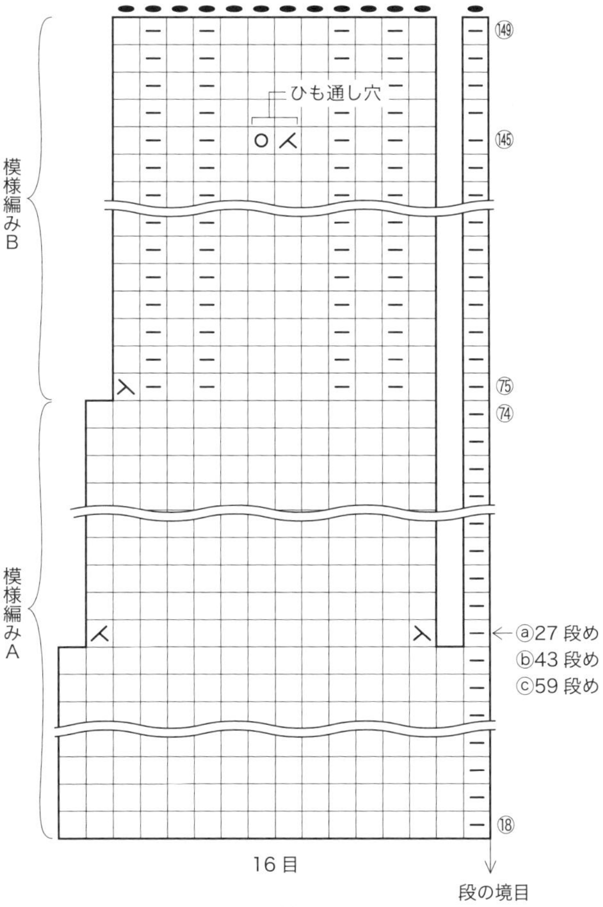

□ 表編み　－ 裏編み　○ かけ目

⋌ 左上２目一度　⋋ 右上２目一度

※模様編みＡの２目一度の位置は部分ごとに変える（製図参照）

コード編みの編み方

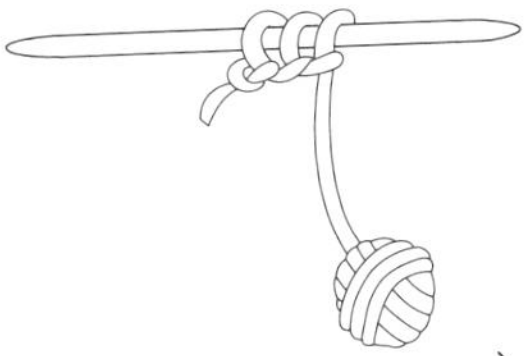

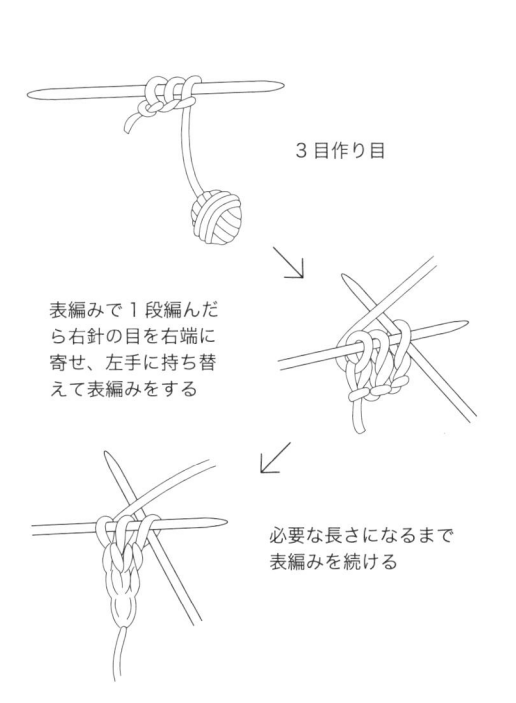

３目作り目

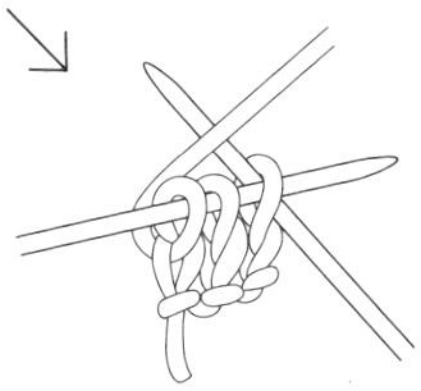

表編みで１段編んだら右針の目を右端に寄せ、左手に持ち替えて表編みをする

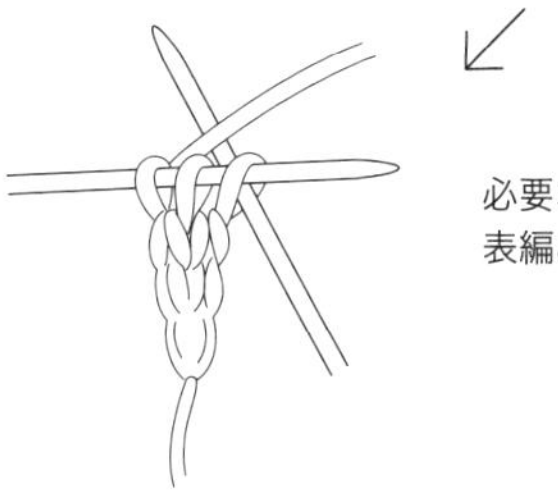

必要な長さになるまで表編みを続ける

04 デニッシュラップショール

photo ≫ page 18

材料

みりでオリジナルからみ糸(エンジ系ミックス)200g

用具

6号120cm輪針、5号かぎ針、6号棒針(ダブルポイントタイプ)

できあがり寸法

※ 製図参照

編み方ポイント

・編みはじめの小さなガーター編みから目を拾うときは、編み地の端の裏目ループに針を入れ、拾い目の要領で糸を引き出します。これが三角形の底辺の中央になります。

編み方手順(Basic technique ≫ page 17)

1　3目作り目をして、ガーター編みを10段編む。

2　「編みはじめの編み方」の図のように針に3目かかった状態で10段から5目、作り目から3目拾って全体で11目針にかかった状態にする。これが編みはじめ。

3　1段めは11目表編み(この面が裏になる)。

4　2段めからは編み図を参照してかけ目で増し目をしながら毎段表編みをする。奇数段は増し目なしの表編みのみ。

5　66段めからは8段ごとに模様編みを入れ，120段めまで編んだら最後に伏せ止めをする。

6　伏せ止めをした縁にかぎ針で縁編みをする。

7　3目のコード編み(編み方はP.73参照)で長さ40cmのひもを2本編み、両端にとじつける。

製図

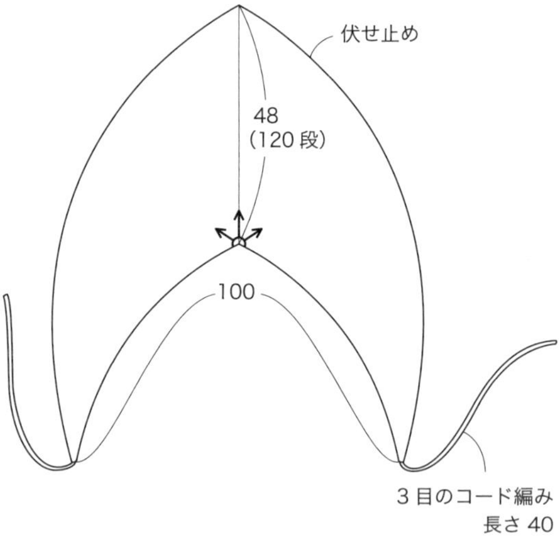

編みはじめの編み方

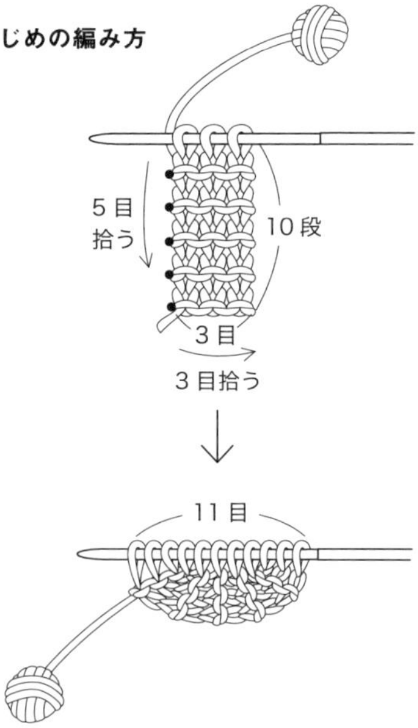

編み図

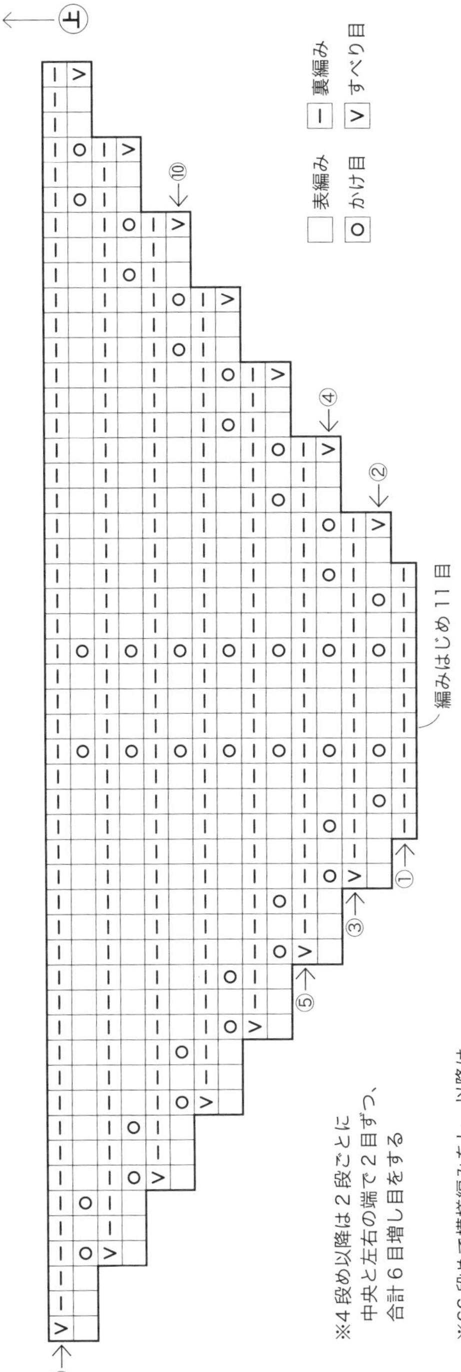

※4段め以降は2段ごとに中央と左右の端で2目ずつ、合計6目増し目をする

※66段めで模様編みをし、以降は8段ごとに模様編みをして120段まで編む。
最後は伏せ止め

模様編み
(66段めから
8段ごとに入れる)

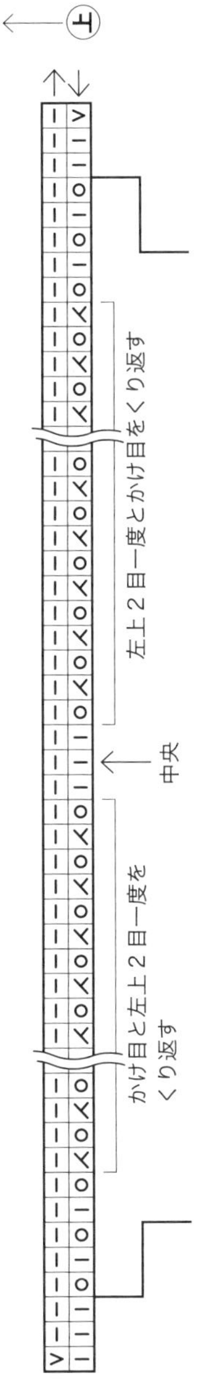

縁編み

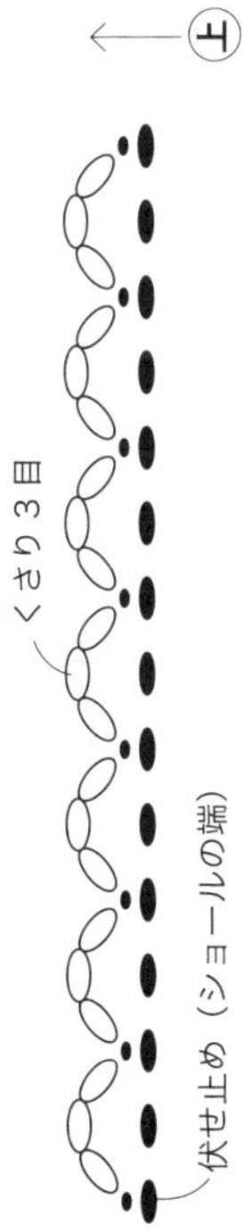

05 ガーターリブ編みのひざかけ

photo >> page 20

材料

パピークイーンアニー　828（紺）・965（青）各100g、933（エンジ）・971（オリーブ）各50g

用具

6号80cm輪針、6号かぎ針

できあがり寸法

55 × 55cm

編み方ポイント

・往復編みをしながら、11目×21段のモチーフをつなぎ合わせたようなボーダー柄を編みます。

・端をきれいに仕上げるため、毎段最後の目は裏編み、最初の目は表編みをするようにすべり目をします。

編み方手順

1　かぎ針で作る作り目で99目作り目をする（紺）。

2　21段めまでは［表編み11目・裏編み11目］を4回、表編み11目を毎段くり返す（パターンⓐ）。1段めは紺、2～65段めは2段ごとに青、紺と糸を替えて編む。

3　22～43段めは［裏編み11目・表編み11目］を4回、裏編み11目を毎段くり返す（パターンⓑ）。

4　44～65段めはパターンⓐを編む。

5　66～131段めは2段ごとにオリーブグリーン、エンジと糸を替えながら、22段ごとにパターンⓑ、パターンⓐ、パターンⓑで編む。

6　132～195段めは2段ごとに紺、青と糸を替えて編む。132～153段めはパターンⓐ、154～173段めはパターンⓑ、174～195段めはパターンⓐを編む。

7　196段めは紺でパターンⓐを編み、最後は紺で伏せ止めをする。

製図

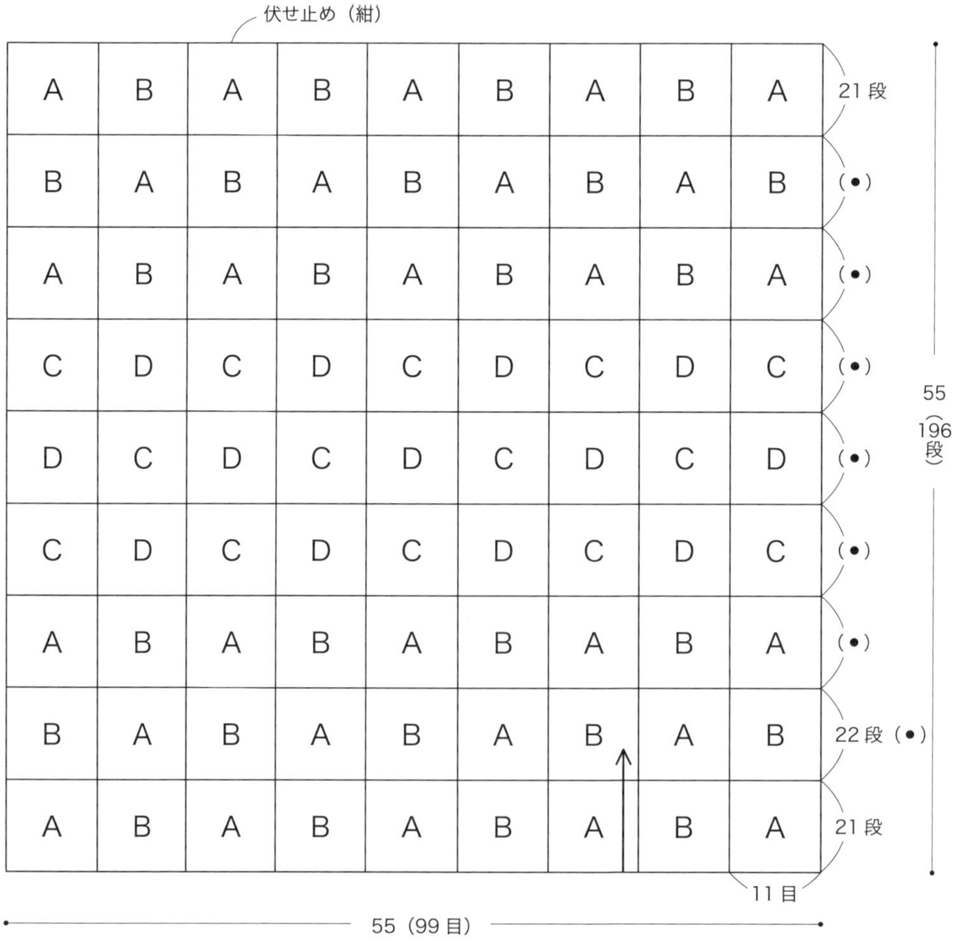

編み図

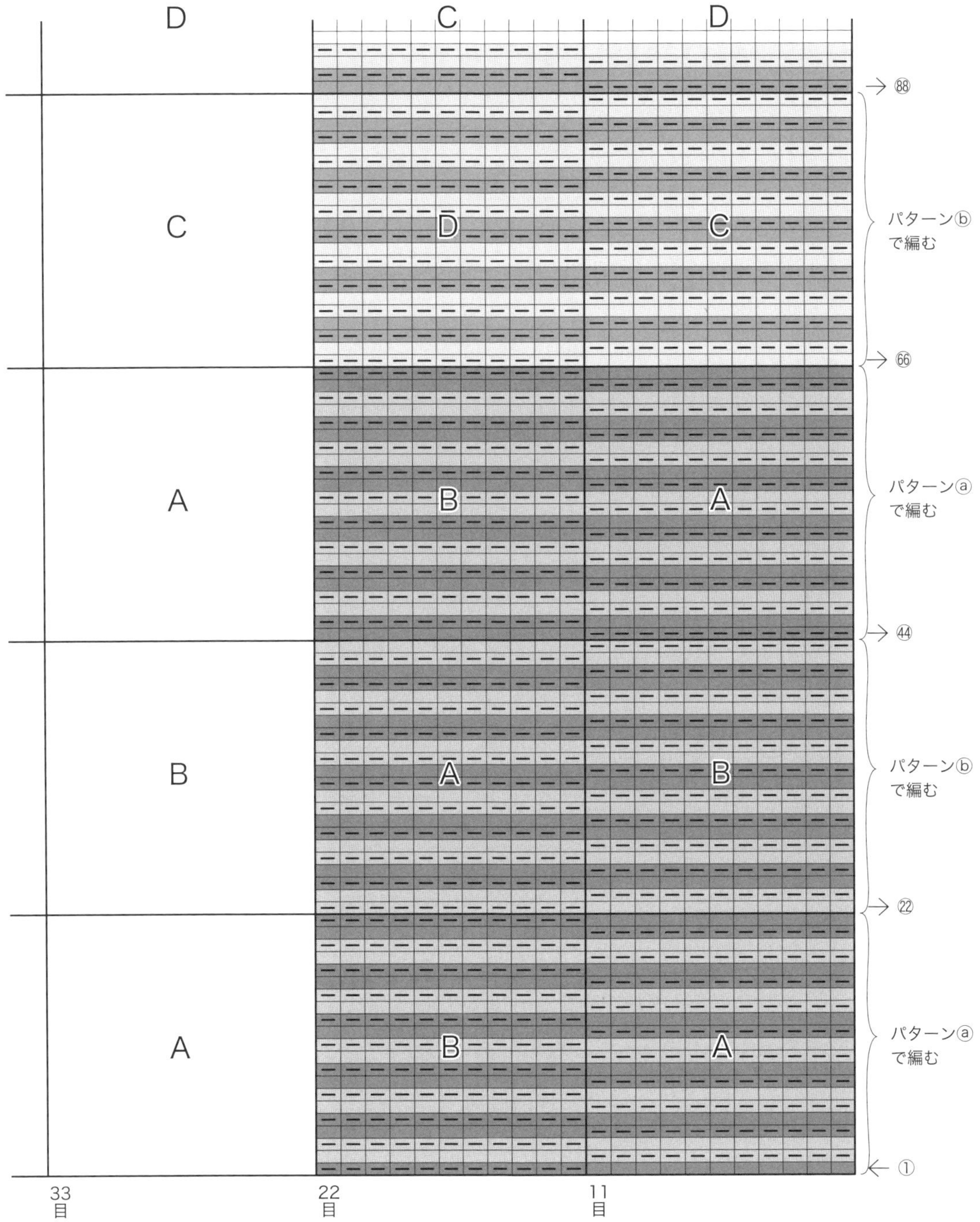

□ 表編み　⊟ 裏編み

■ 紺　■ 青　□ オリーブグリーン　■ エンジ

・パターンⓐ
表編み 11 目・裏編み 11 目を 4 回、表編み 11 目

・パターンⓑ
裏編み 11 目・表編み 11 目を 4 回、裏編み 11 目

※段の最後の目はすべて裏編み

※段の最初の目は表編みをするようにすべり目

06 ジグザグマフラー

photo >> page 22

材料

オステルヨートランド　黒段染め

50g

用具

5号120cm輪針、6号かぎ針

できあがり寸法

幅約10×長さ110cm

編み方ポイント

・2段ごとにかけ目、3目一度をくり返すことで編み地がジグザグになります。

・ベースがガーター編みの模様編みAとメリヤス編みの模様編みBを組み合わせていますが、すべて模様編みBにしても。

編み方手順

1　かぎ針で作る作り目で291目作り目をする（長さを調整したい場合、作り目は「12目×○回＋3目」で計算する）。

2　1～19段めは模様編みAを編む。

3　20～28段めは模様編みBを9段編み、最後は伏せ止めをする。

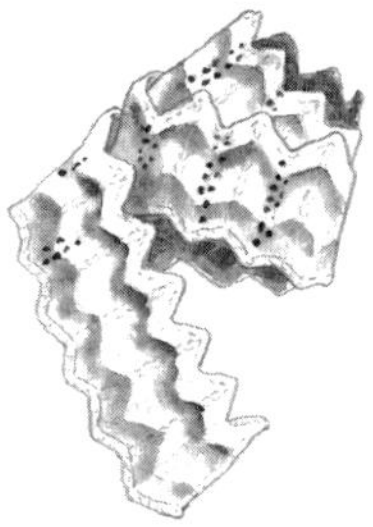

製図

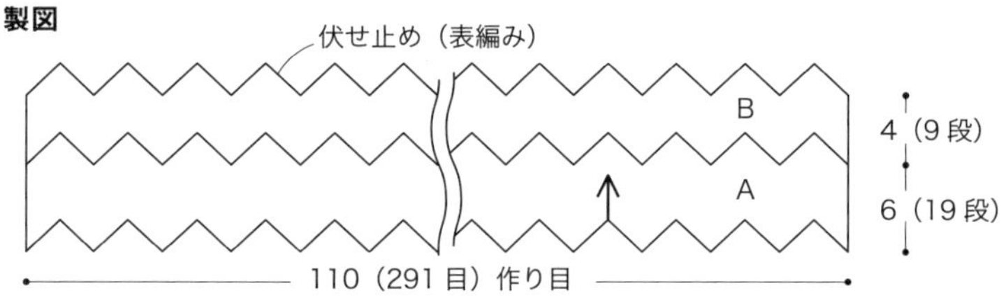

編み図

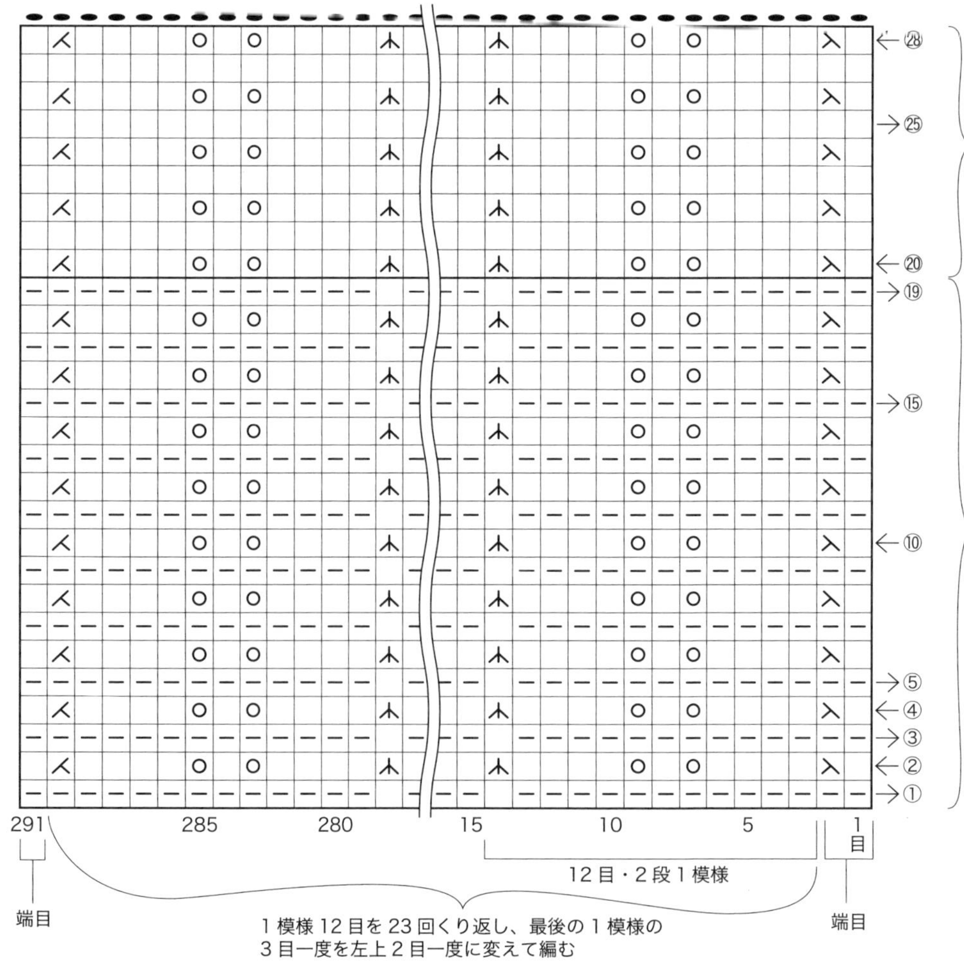

- □ 表編み
- ー 裏編み
- ○ かけ目
- 入 右上2目一度
- 人 左上2目一度
- 木 中上3目一度

07 ドットボーダーマフラー

photo >> page 22

材料

オステルヨートランド　オレンジ段染め　35g、黒　25g

用具

4号120cm輪針、5号かぎ針

できあがり寸法

幅9.5×長さ120cm

編み方ポイント

・すべり目の入れ方のパターンは、4段め、8段め、12段めの3種類。これをくり返して編みます。

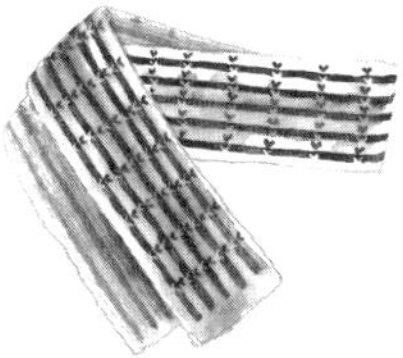

編み方手順

1　かぎ針で作る作り目で244目作り目をする。

2　全体をガーター編みにする。1～3段めは段染め糸で編む(2段めの最初と最後の目はすべり目)。

3　4段めからの4段は表側の右端5目だけ段染め糸で編み、ほかは黒で編む。次の4段は段染め糸で編む。これをくり返してガーター編みをしながら、編み図を参照してすべり目を入れる。

4　42段めまで編んだら、最後に段染め糸で伏せ止めをする。

製図

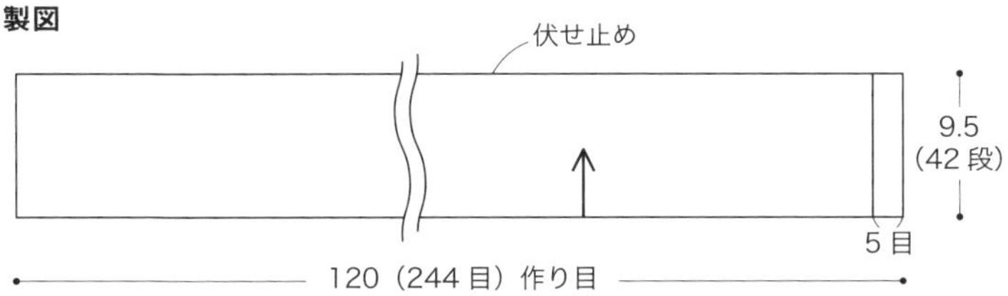

編み図

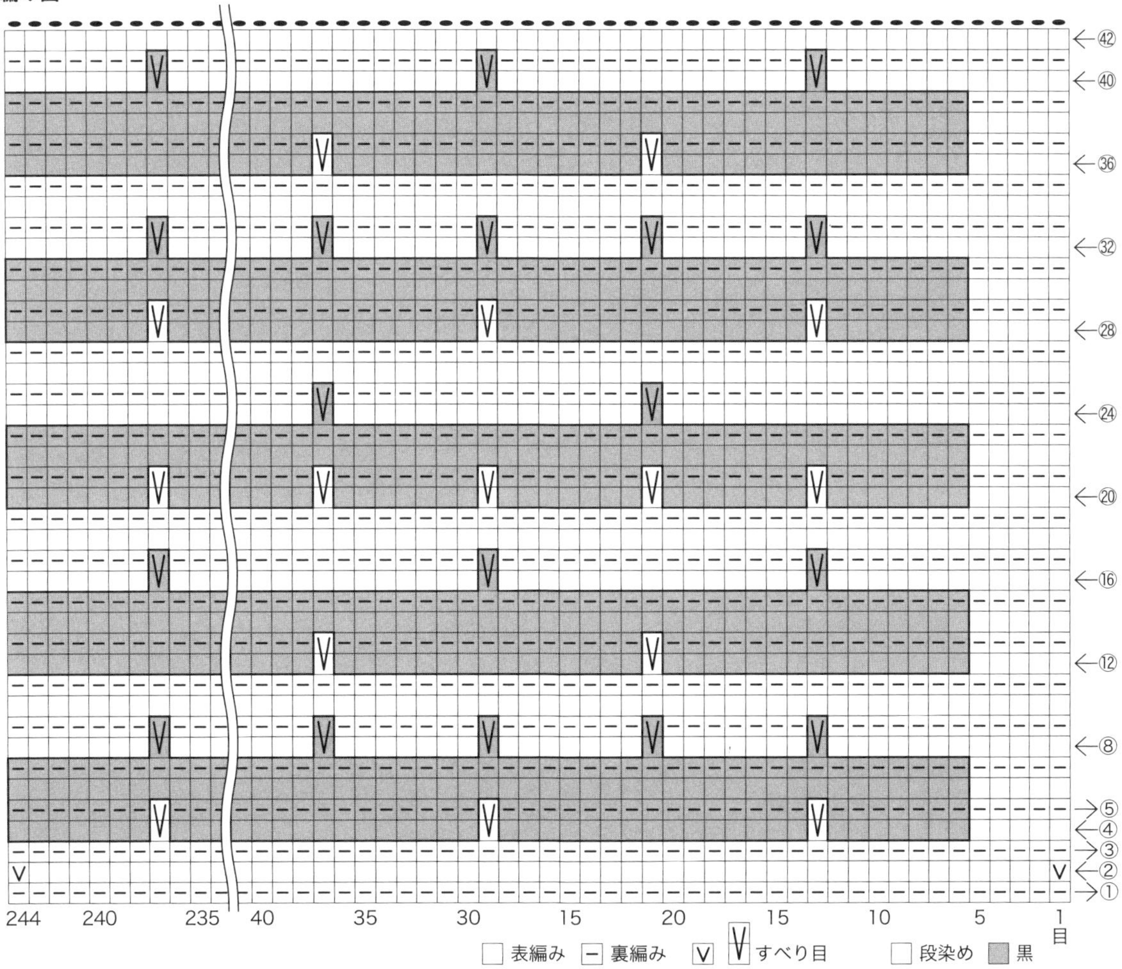

□ 表編み　− 裏編み　V すべり目　□ 段染め　■ 黒

09 市松模様のメビウススヌード

photo >> page 32

材料

パピー　アルパカリミスト　NO.716（紫系ミックス）110g

用具

5号120cm 輪針、5号棒針、5号かぎ針

できあがり寸法

製図参照

編み方ポイント

・メビウス編みは中央から編みはじめ、1周編むごとに上下に1段ずつ増えていくので、編むのは50段ですが、縦の長さは100段分になります。

編み方手順（Basic technique >> page 29）

1　輪針と棒針に巻きつける方法の作り目で、160目×2（合計320目）作り目をする（P.29参照）。

2　輪針の糸を巻きつけなかったほうの針先で、棒針の作り目を編む。表編み8目、裏編み8目を交互に編んでいく。

3　棒針にかかった作り目をすべて編んだら、つづけて輪針にかかった作り目も表編み8目、裏編み8目を交互に編んでいく（ここまでで1段めが編める）。

4　作り目をすべて編んで1周したら、目数リングを入れて16目×20段の市松模様を50段編む。最後は伏せ止めをする。

5　伏せ止めをした縁にかぎ針で縁編みを編みつける。

製図

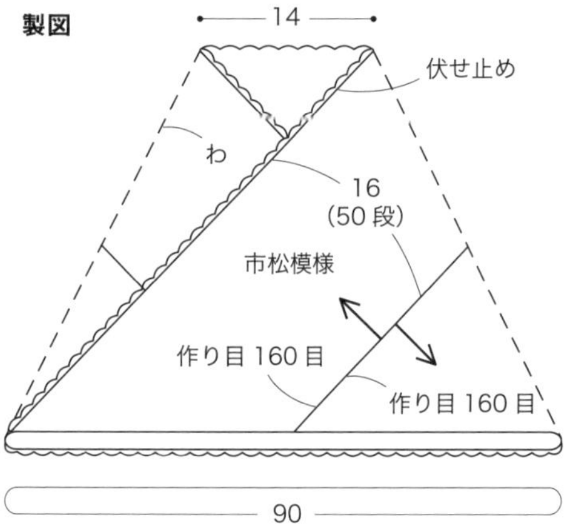

市松模様の編み図

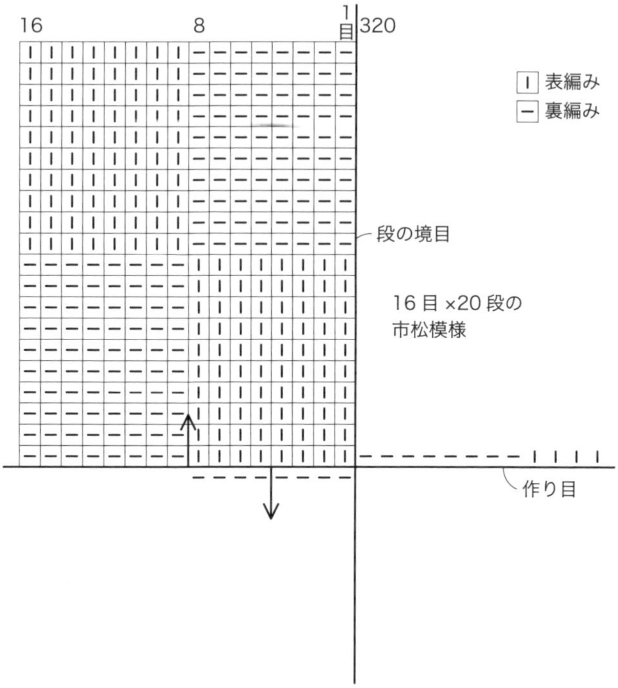

縁編み

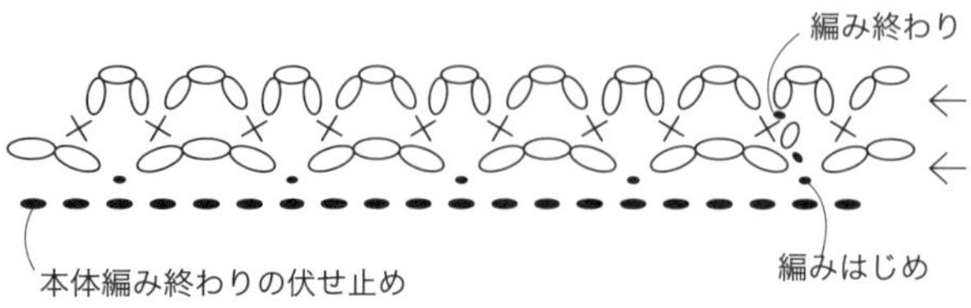

14 段染めレッグウォーマー

photo >> page 50

材料

靴下用段染め糸　DIANA collection Naif Mela NO.440　50g

用具

3 号 80cm 輪針、4 号かぎ針

できあがり寸法

製図参照

編み方ポイント

・かかとのあきは後ろ側の目を一度伏せ止めし、次の段で新たに作り目をして作ります。作り目はかぎ針で作る作り目をします。

編み方手順

1　かぎ針で作る作り目で 48 目作り目をする。

2　1 目ゴム編みで 12 段編み（1 ～ 12 段め）、13 段めは 24 目伏せ止めをして残りの 24 目は 1 目ゴム編みで編む。

3　次の段（14 段め）では 28 目作り目をし、24 目を 1 目ゴム編みで編んで全体で 52 目にする。つづけて 25 段めまで 12 段 1 目ゴム編みを編む。

4　26 段めからは表編み 6 段、裏編み 4 段の模様編みを 5 回くり返す。3 回めの 2 段め（47 段め）では、後ろ中心の 1 目手前と 1 目編んだところで増し目をする。

5　模様編みを 50 段編んだら、伏せ止めをする。

製図

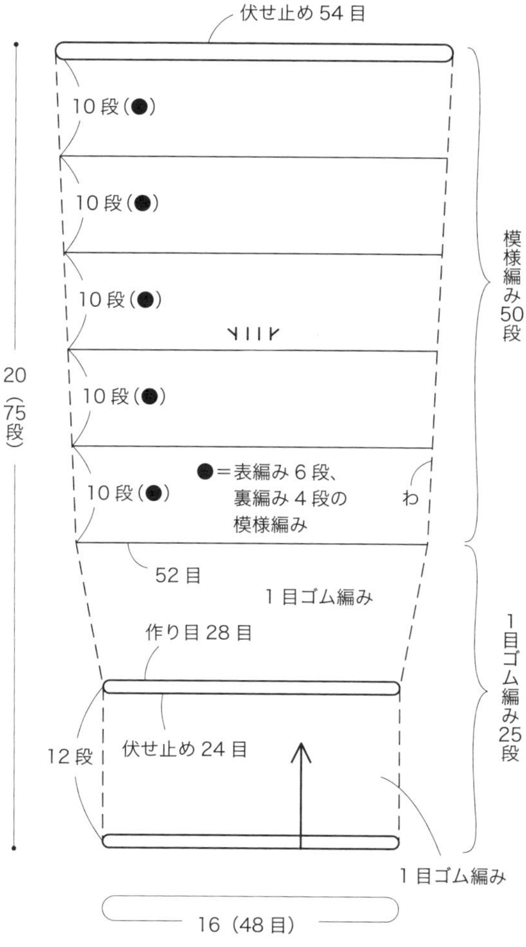

※47 段めで増し目

模様編み

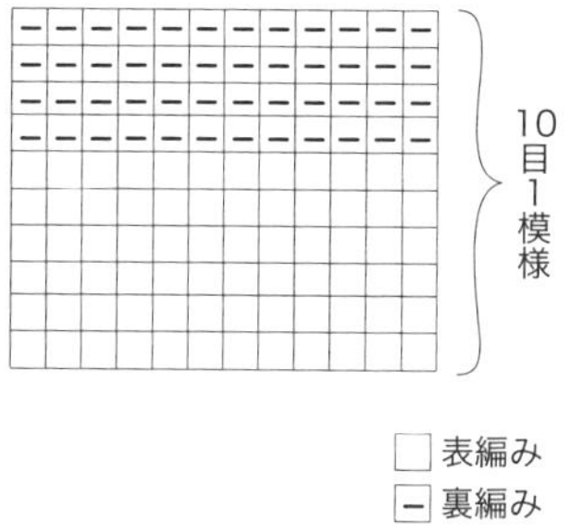

増し目の仕方

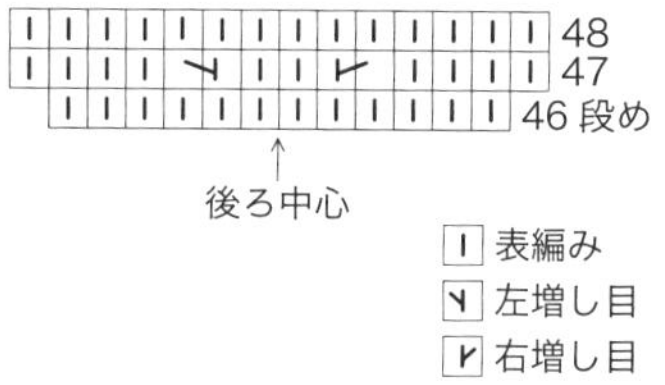

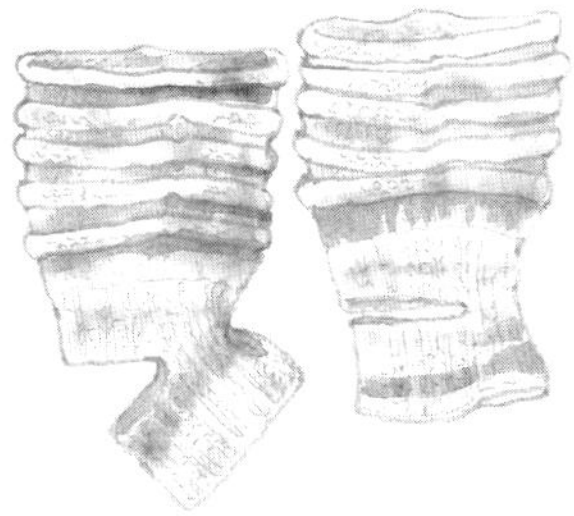

08 引き上げ編みのボウタイ

photo >> page 26

材料

ておりやオリジナルモークウール A
左／ NO.01（レンガ）・NO.04（オリーブ）各 30g　右／ NO.07（カーキ）・NO.31（水色）各 20g

用具

3 号 60cm 輪針、4 号かぎ針、縄編み針 2 本

できあがり寸法

左：6 × 160cm
右：4 ～ 5 × 135cm

編み方ポイント

・両端の各 1 目は各段表編みです。
・右上 1 目交差の編み方…1 目めを縄編み針にとって手前に置き、2 目めは縄編み針にとって向こう側に置く。3 目めの目を表編み、次に 2 目めを表編み、最後に 1 目めを表編みする。

編み方手順・左作品（Basic technique >> page 25）

1　レンガ色の糸（A 色）で作り目をする。かぎ針で作る作り目で 14 目。
2　作り目の糸端側からオリーブ色（B 色）でスタートし、裏編みで 1 段編む。これで A、B の糸玉が両方とも編み地の左側にくる。
3　2 段めは A 色で右図の■を表編みの引き上げ編み、□は表編みにする。
4　3 段めは B 色で右図の□を表編みの引き上げ編み、■は表編みにする。
5　4 段めは A 色で右図の■を裏編みの引き上げ編み、□は裏編みにする。
6　5 段めは B 色で右図の□を裏編みの引き上げ編み、■は裏編みにする。
7　3 ～ 6 をくり返しながら、6 段めで 4 目めと 6 目めを右上 1 目交差、15 段めで 9 目めと 11 目めを右上 1 目交差する。
8　3 ～ 7 をくり返して長さが 160cm 程度になるまで編み、最後は A で伏せ止めする。
9　編み上がったら洗濯機で 1 ～ 2 回水洗いしてフェルティングをする。
※右作品はカーキの糸で作り目をし、左作品と同じ要領で 50cm ほど編み、表編み偶数段（カーキで編む段）で両端 1 目ずつ減目する（右端は右上 2 目一度、左端は左上 2 目一度）。その後はさらに 80cm ほど編んで伏せ止めにする。

製図（左作品）

製図（右作品）

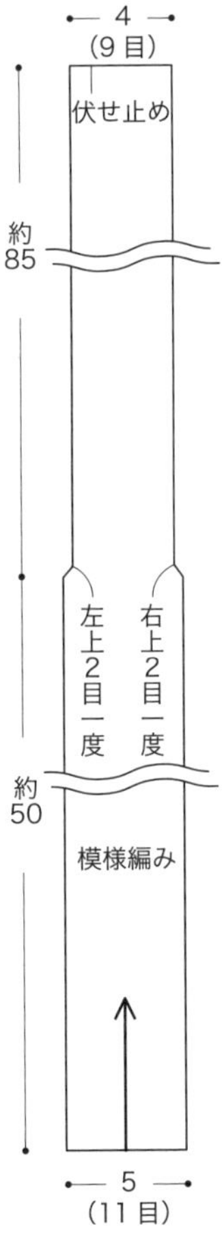

表編みの引き上げ編み

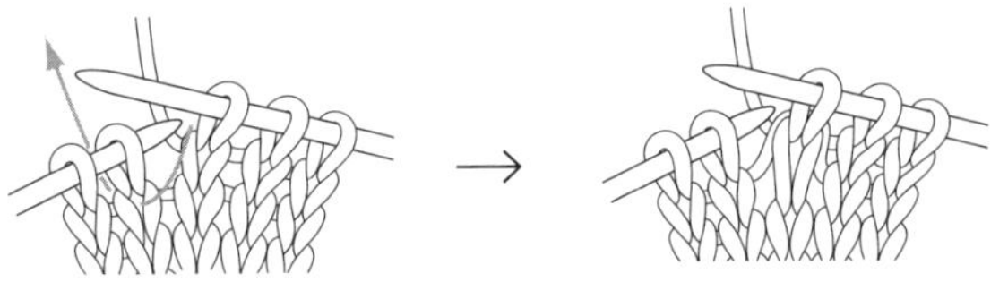

引き上げ編みの目は 1 段下の目に上のように針を入れて表編みを編む。

表編みを編むと、上の目がほどけ、下の目にかぶさった状態になる。次の段ではふつうに裏編みを編む。

裏編みの引き上げ編み

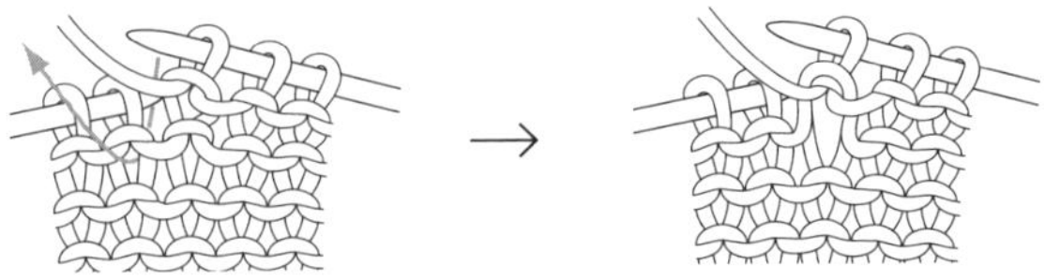

引き上げ編みの目は 1 段下の目に上のように針を入れて裏編みを編む。

裏編みを編むと、上の目がほどけ、下の目にかぶさった状態になる。次の段ではふつうに表編みを編む。

模様編み（左作品）

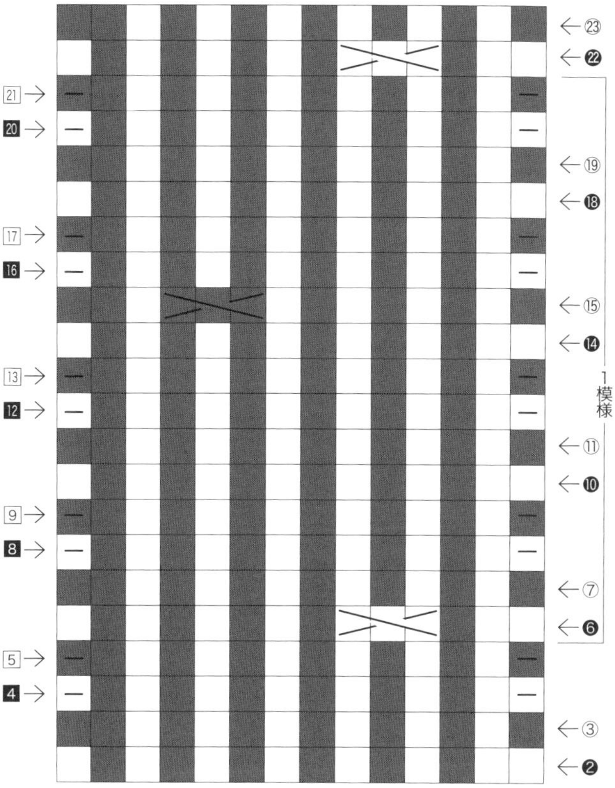

①●数字の段は A 色（■・レンガ）で編む。
■の目は表引き上げ編み、□の目は表編み。
②○数字の段は B 色（□・オリーブ）で編む。
□の目は表引き上げ編み、■の目は表編み。
③■数字の段は A 色（■・レンガ）で編む。
■の目は裏引き上げ編み、□の目は裏編み。
④□数字の段は B 色（□・オリーブ）で編む。
□の目は裏引き上げ編み、■の目は裏編み。
※■□の段の両端の目（⊟）だけは表編みをする。

模様編み（右作品）

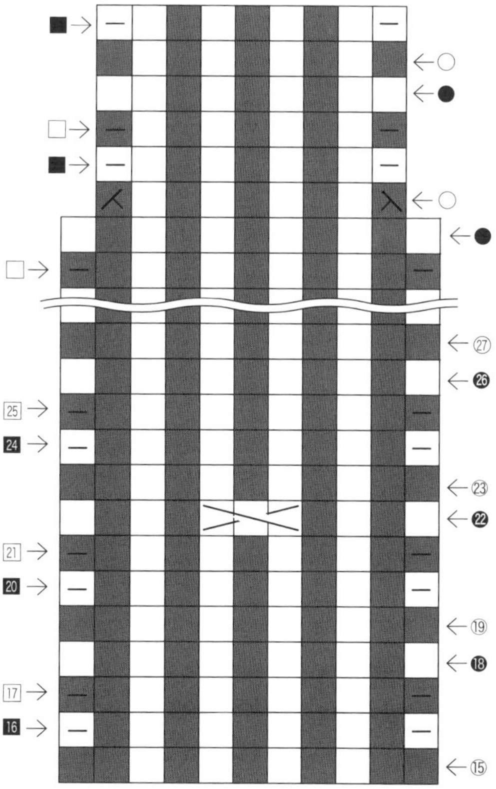

①●数字の段は A 色（■・カーキ）で編む。
■の目は表引き上げ編み、□の目は表編み。
②○数字の段は B 色（□・水色）で編む。
□の目は表引き上げ編み、■の目は表編み。
③■数字の段は A 色（■・カーキ）で編む。
■の目は裏引き上げ編み、□の目は裏編み。
④□数字の段は B 色（□・水色）で編む。
□の目は裏引き上げ編み、■の目は裏編み。
※■□の段の両端の目（⊟）だけは表編みをする。
※22 段め以降、20 段ごとに水色を交差させる。
※減目は表編みの偶数段（カーキの段）で行う。

10 フリルネックウォーマー

photo >> page 38

材料

てオりやオリジナルモークウール A
NO.25（薄紫）50g

用具

4 号 100cm 輪針、4 号かぎ針

できあがり寸法

製図参照

編み方ポイント

・最初は通常通りの輪編みの方法ではじめ、フリル部分の減目をしたところから、マジックループの方法に切り替えて編みます。

編み方手順

1 かぎ針で作る作り目で 360 目作り目をする。
2 1 段めはすべて裏編みにする。
3 2、3 段めはすべて表編みにする。
4 4 段めは表編み 1 目、左上 2 目一度をくり返し、全体で 240 目に減目する。
5 5 ～ 7 段めはすべて表編みにする。
6 8 段めは左上 2 目一度をくり返し、全体で 120 目に減目する。ここからはマジックループの要領で編む。
7 9 段めからは図のように 14 段め、19 段め、24 段め、28 段めで分散減目をしながら表編みにし、29 段めまで編む（29 段めは 88 目）。
8 30 段めからは 2 目ゴム編みで 44 段編み、最後は伏せ止めにする。

製図

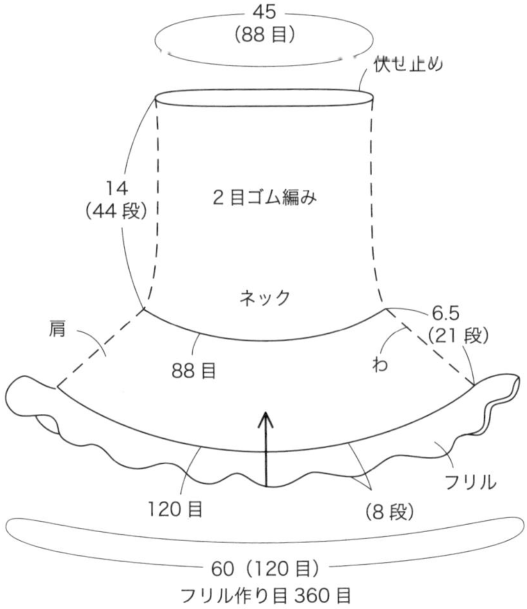

フリルの編み方（1 ～ 8 段め）

1 段め：裏編み（360 目）
2 ～ 3 段め：表編み（360 目）
4 段め：3 目ごとに 2 目一度をして 120 目減目（240 目）
5 ～ 7 段め：表編み（240 目）
8 段め：2 目一度をくり返す（120 目）

肩の分散減目

段	目数	減目の仕方
14 段め	112	－8 目（15 目ごとに 2 目一度）
19 段め	104	－8 目（14 目ごとに 2 目一度）
24 段め	96	－8 目（14 目ごとに 2 目一度）
28 段め	88	－8 目（13 目ごとに 2 目一度）

編み図

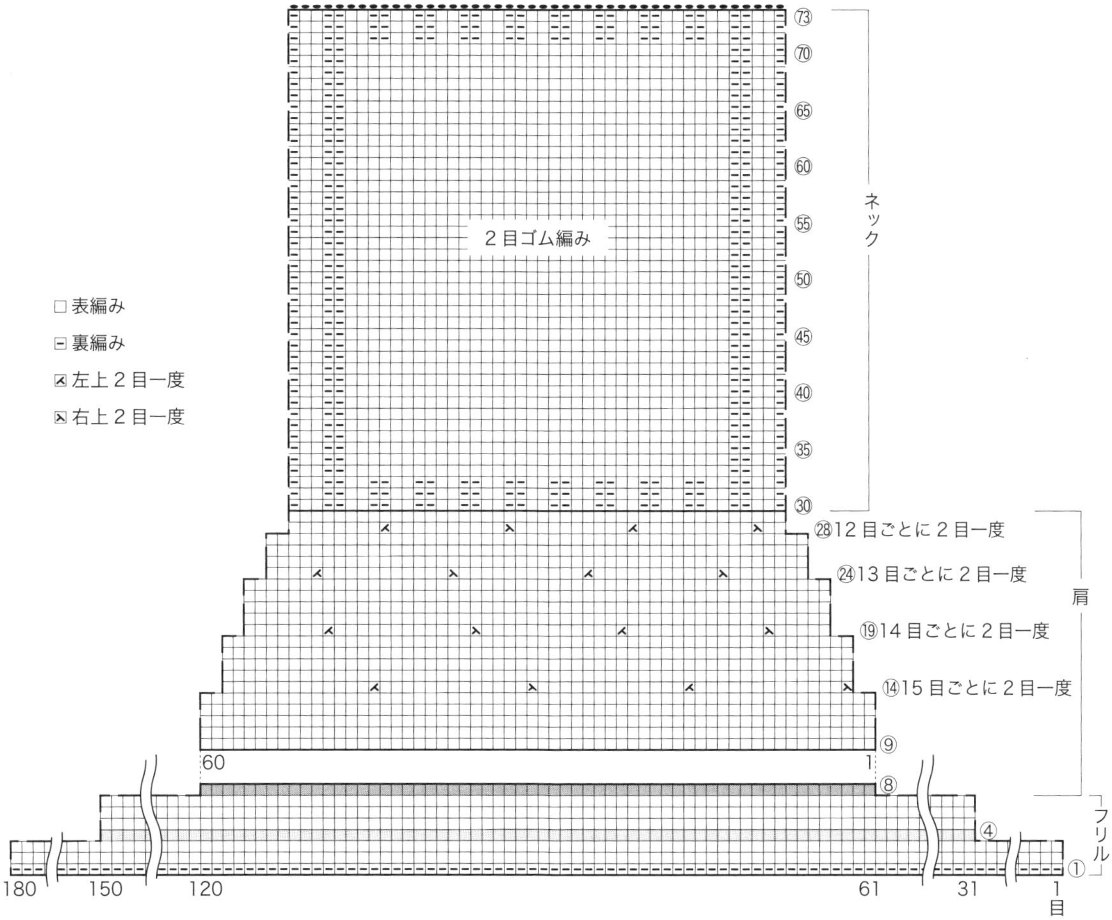

部分（フリル４段め）の編み方

部分（フリル８段め）の編み方

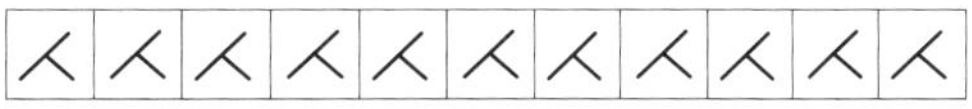

11

裏ループリストウォーマー

photo >> page 40

材料

パピー　プリンセスアニー　NO.547（生成）・NO.548（赤茶）各 10g

用具

4 号 80cm 輪針、5 号かぎ針

できあがり寸法

手首周囲 16 ×長さ 12cm

編み方ポイント

・表から見るとドットの編み込みですが、裏返すとドットの位置からループが出ているというユニークな編み込みです。ループがふわふわと肌にふれて、着け心地がいいのです。

編み方手順

1　かぎ針で作る作り目で 36 目作り目をする。
2　1 段めはすべて裏編みにする。
3　2 ～ 5 段めはエストニアスパイラルで編む。
4　6 段めからはメリヤス編みに模様を編み込みながら編む。
5　8 段めからは 4 段ごとに裏ループの編み込みをする（図参照）。
6　36 段めまで編んだら、1 目ゴム編みを 4 段編み、最後は伏せ止めする。

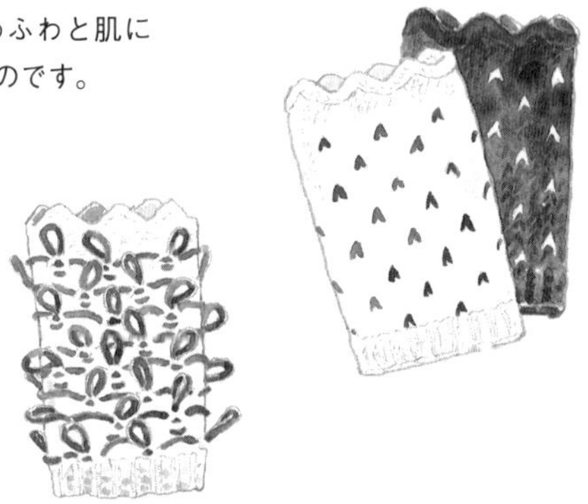

裏ループの編み方

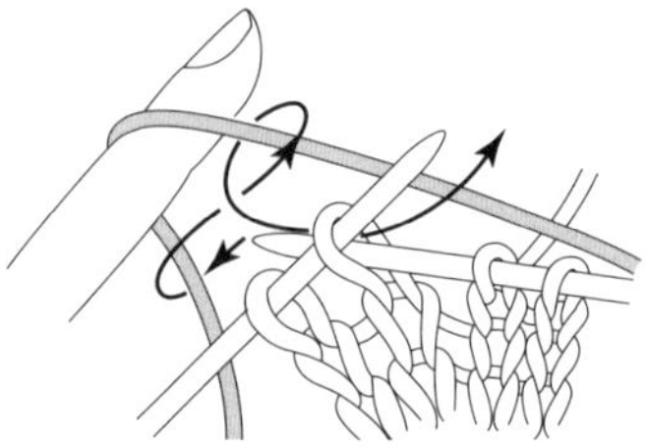

①別糸（ループ糸）を指に巻き、右針に矢印のように糸をかける。

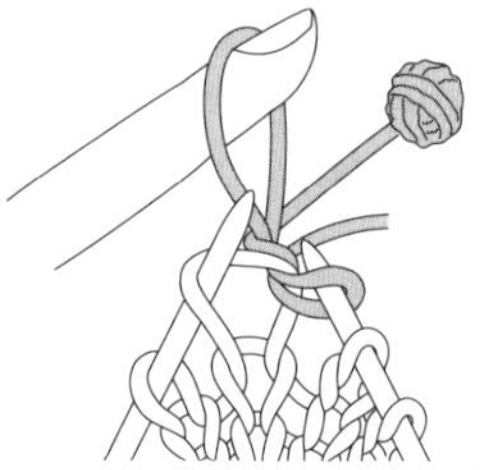

②①でかけた糸を左針の目から引き出して表編みにする。

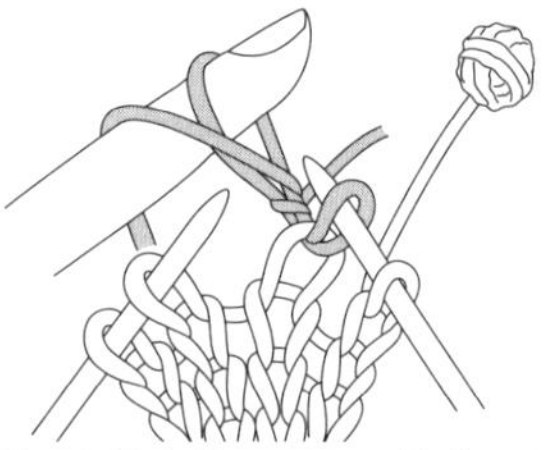

③左針から目を外し、ループを作った指に別糸をかける。

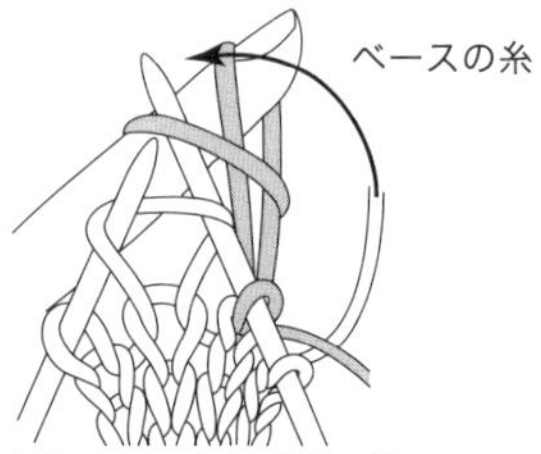

④かけた糸の下に右針を差し込み、ベースの糸で表編みをする。

製図

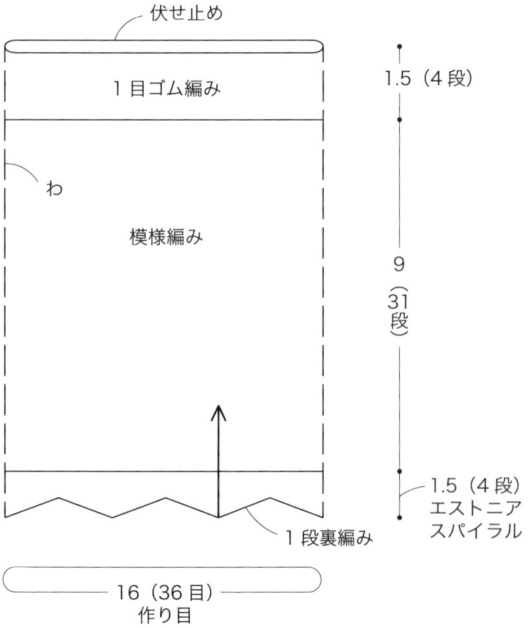

編み図

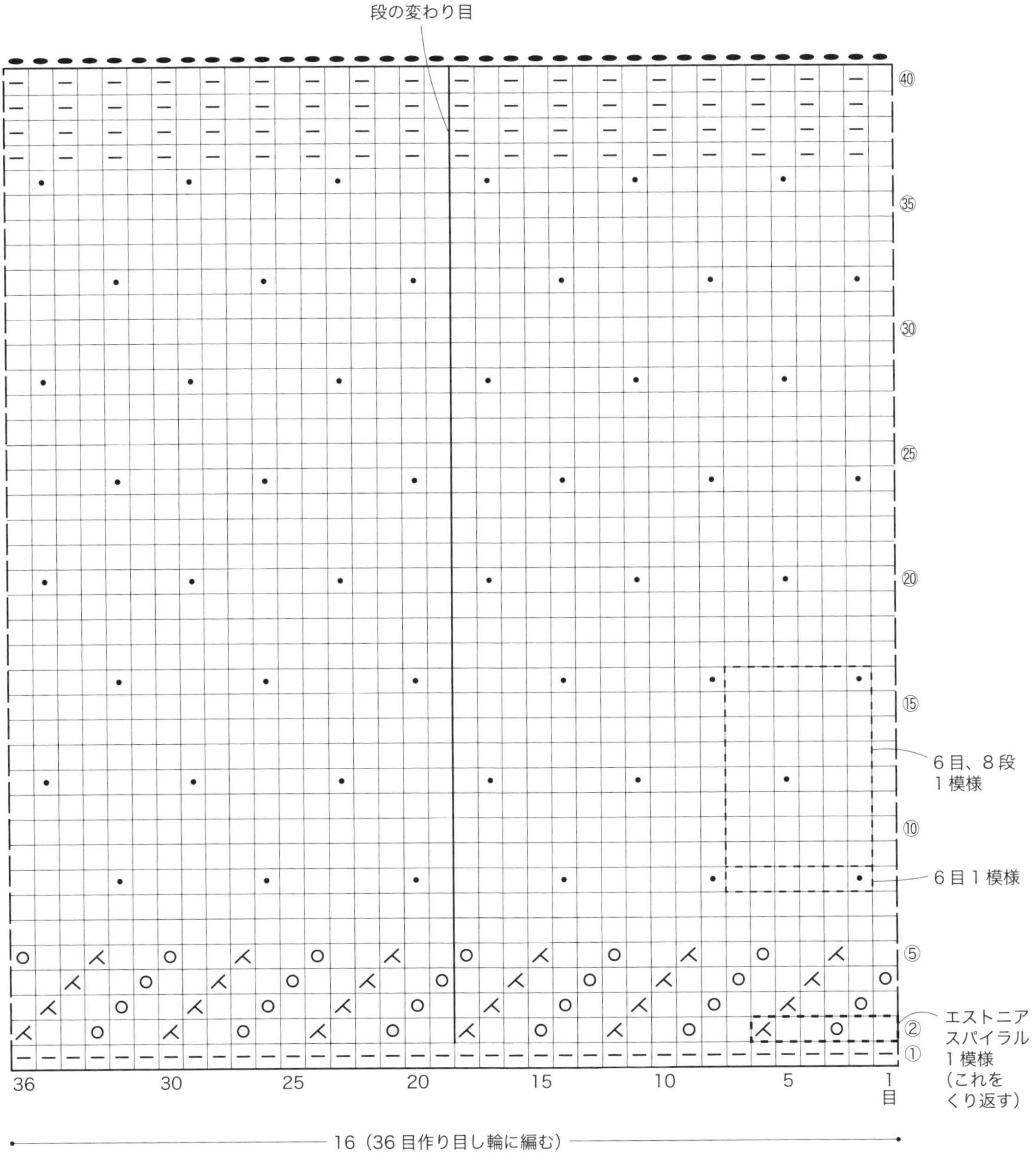

□ • 表編み　　• 裏ループ編み込み

− 裏編み　　⋌ 左上２目一度

○ かけ目

12 編み込みくつ下

photo >> page 42

材料（ⓐ白ベース・ⓑ赤ベースの１組）
パピー　プリンセスアニー　NO.547（生成り）・NO.548（赤茶）各 40g

用具
4 号 60cm 輪針（1 本または 2 本）、5 号かぎ針

できあがり寸法
足首まわり 18 × カフス長さ 14 × 足寸法 23 ～ 24cm

編み方ポイント
・この靴下はマジックループのほかに、2 本で編む方法でも編むことができます。編みやすいほうの方法でどうぞ。

編み方手順（Basic technique >> page 35）

1　かぎ針で作る作り目で 48 目作り目をする（赤茶）。
2　1 段めは赤茶で裏編み、2 段めは白で表編みにする。
3　3 ～ 21 段めはレース模様を編み、22 段めは赤茶で裏編みにする。
4　メリヤス編みの模様 A を編み、ガーター編みを 2 段編む（ⓐは赤茶、ⓑは生成りで編む）。
5　ⓐはメリヤス編みの模様 B を編み、赤茶でガーター編みを 2 段、ⓑは模様 B' を編み、生成りでガーター編みを 2 段編む。
6　24 目休ませておき、赤茶でかかとを編む。両端で 1 目ずつ目と目の間に渡った糸を引き上げて全体で 26 目にしてから、1 目おきに 2 段ごとのすべり目をしながら編む。
7　かかとを 49 段編んだら、休ませておいた 24 目と合わせてふたたび輪に編む。このときかかとの両端は中心に向かって 2 目一度をして右側で右上 2 目一度、左側で左上 2 目一度をして全体で 48 目にする。
8　底と甲を輪に編んだら、甲側の 24 目を休ませておく。
9　かかとと同様に、両端で 1 目ずつ増やして全体で 26 目にしてから 1 目おきに 2 段ごとのすべり目をしてつま先を編む。
10　つま先の最後に休ませてあった 24 目と一緒に表編みをしながら伏せ止めをする。

製図

・カフス＆かかと

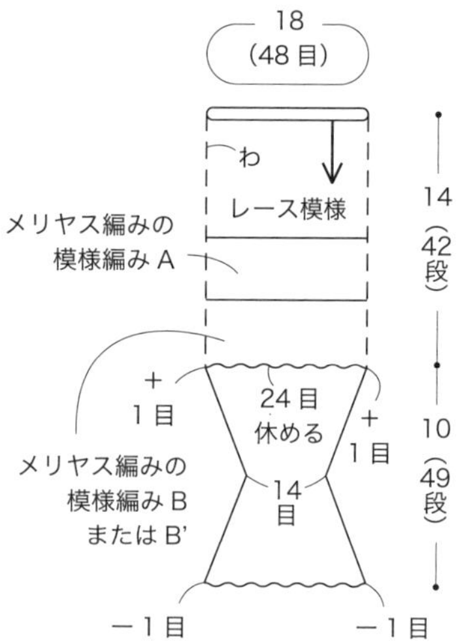

・甲と底

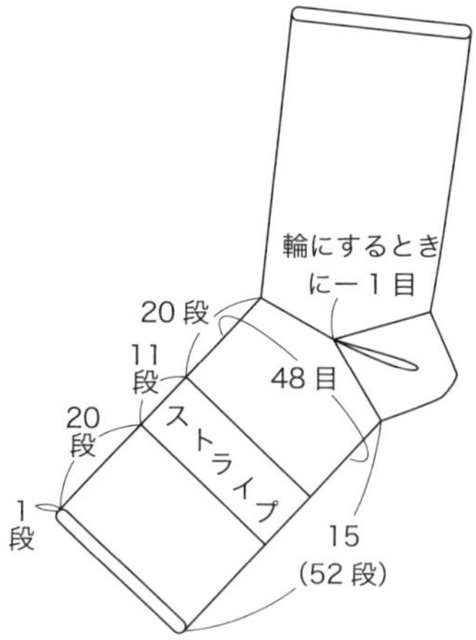

甲と底部分のストライプ

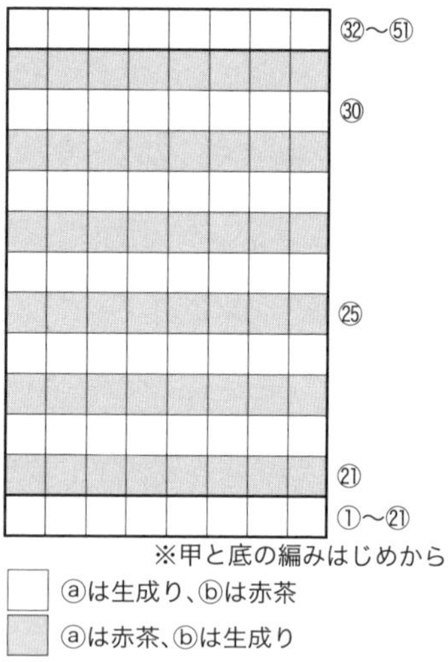

・つま先

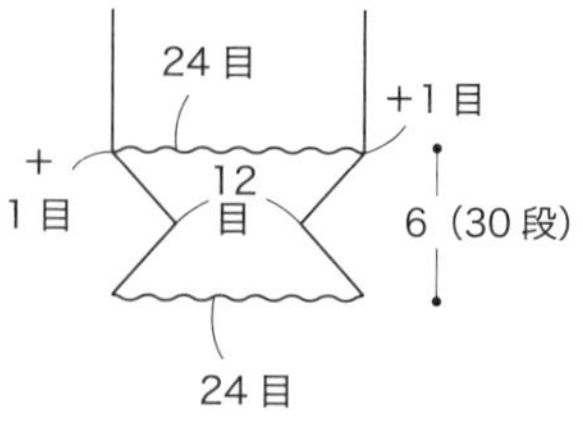

カフスの模様編み

ⓐ

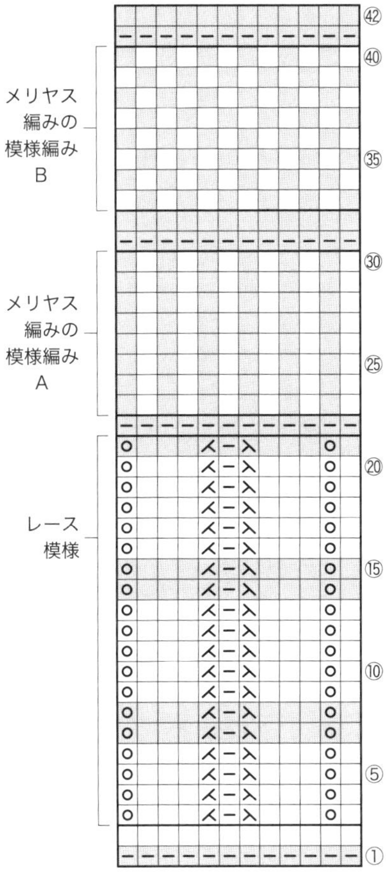

ⓑ1～30段めはⓐと同じ

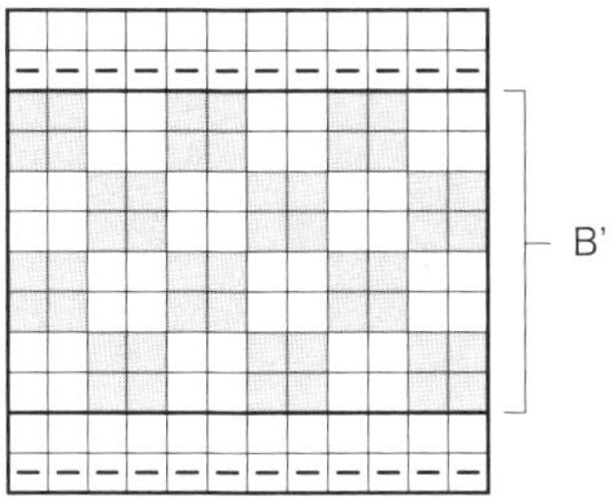

- 赤茶
- 生成り
- 表編み
- − 裏編み
- ○ かけ目
- 右上２目一度
- 左上２目一度

かかととつま先の編み図（ⓐは赤茶、ⓑは生成りで編む）

〈かかと〉

〈つま先〉

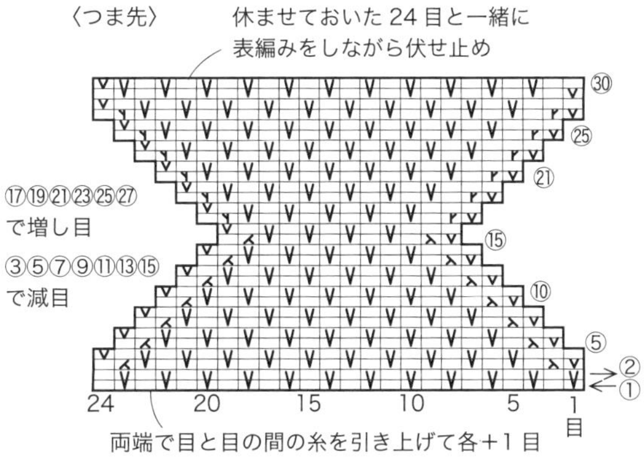

- 表編み
- 左増し目
- 右増し目
- 右上２目一度
- 左上２目一度
- ２段すべり目
- すべり目

仕上げ方

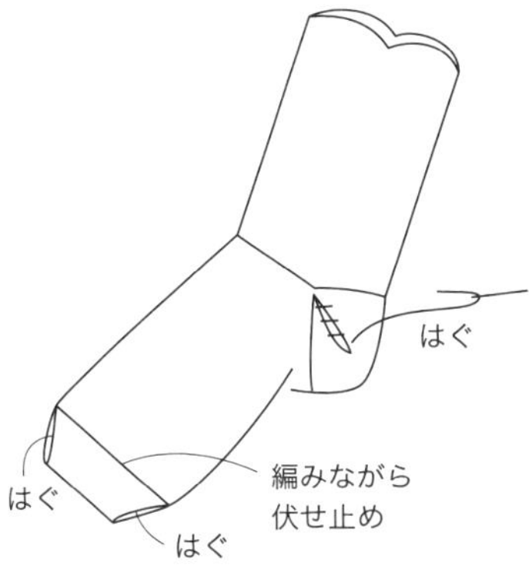

13 編み込みリストウォーマー

photo >> page 48

材料

パピー　プリンセスアニー　NO.502（生成り）10g、NO.503（水色）・NO.536（黄緑）各 15g

用具

4 号 120cm 輪針、4 号棒針（ダブルポイントタイプ）1 本、5 号かぎ針

できあがり寸法

手首まわり 17 ×長さ 13.5cm

編み方ポイント

・上記材料は水色ベースの左手用、黄緑ベースの右手用を編む場合です。どちらかの配色で 1 組編む場合は、使用する配色糸の量が倍になります。

編み方手順（Basic technique >> page 45）

1　かぎ針で作る作り目で 36 目作り目をする（ベース糸を使用する。水色ベースは水色、黄緑ベースは黄緑で、各 36 目ずつ）。

2　ガーター編みを 3 段編んだら、編み込み模様 A を 9 段編む（4 ～ 12 段め）。さらに作り目と同じ色でガーター編みを 4 段（13 ～ 16 段め）編む。

3　編み込み模様 B の 1 段め（17 段め）で 42 目に増し目をし、編み込み柄を 25 段編む。途中の 17 段めでは別糸で指穴を編んでおく。

4　模様編みが終わったら、ガーター編みをベース糸で 2 段、生成りで 2 段、ベース糸で 1 段編み、最後にベース糸で裏編みをしながら伏せ止めをする。

5　指穴から 20 目拾い（拾い方は図参照）、配色糸（水色ベースは黄緑、黄緑ベースは水色）で袋編みを 5 段編む（往復して 1 段になるので 5 往復分）。

6　20 目を半分に分けて（奇数目は手前、偶数目は向こう側へ）輪にしたら、マジックループの要領でガーター編みを 2 段編みながら伏せ止めにする。

製図

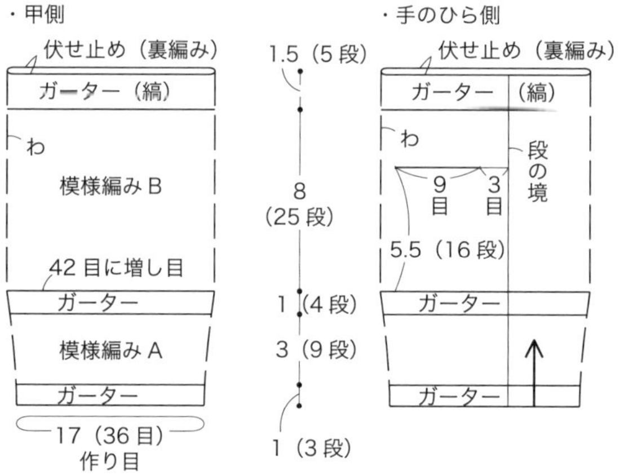

指部分（袋編み）

※ ガーター編み部分はマジックループの要領で編む。

親指位置に別糸を編み込む方法と目の拾い方

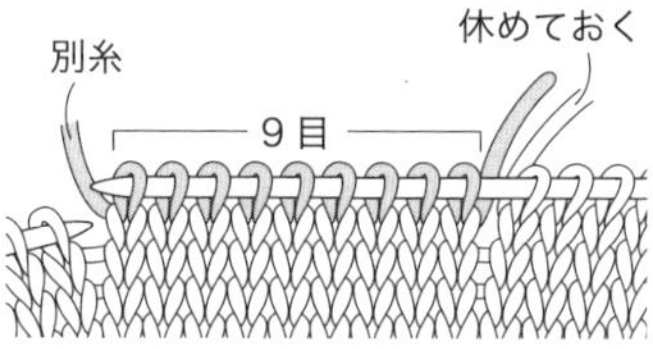

①編み込み 17 段め。指穴位置の手前で生成り糸を休ませて別糸で 9 目編む。

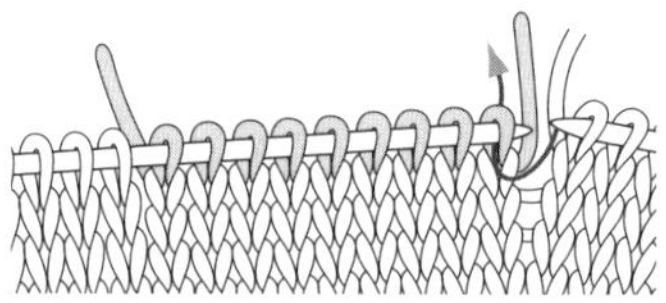

②別糸で編んだ 9 目を左針に移し、生成り糸で続けて編む。

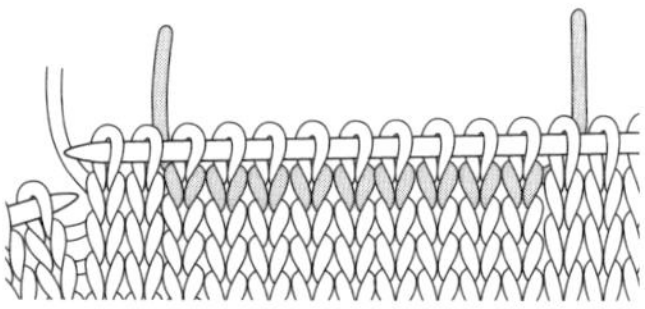

③別糸の先も続けて編んでいく。

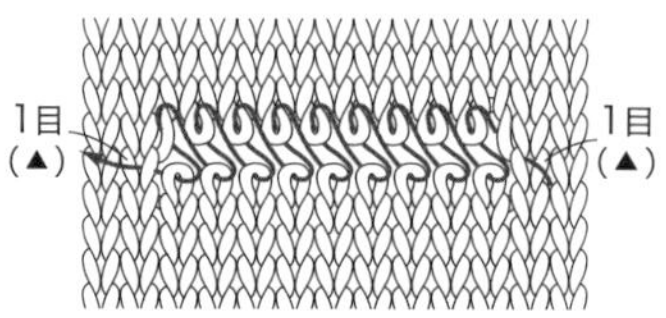

④本体を編み終えたら別糸をほどき、棒針で矢印の順に 20 目拾う。

袋編みの編み方（棒針で編む）

※「親指位置に別糸を編み込む方法と目の拾い方」の手順④からの続き

①「表編み、糸を手前に置き裏編みをするようにすべり目」という編み方で端まで編む。

②編み地を持ち替えて、さらに①と同様に端まで編む。ここまでの 1 往復で 1 段編める。

③①②をくり返して、必要な段数になるまで編む。

④最後に奇数目を輪針の手前の針、偶数目を輪針の向こう側の針に移し、目を分けると編み地が筒状になる。

編み図(左手用)

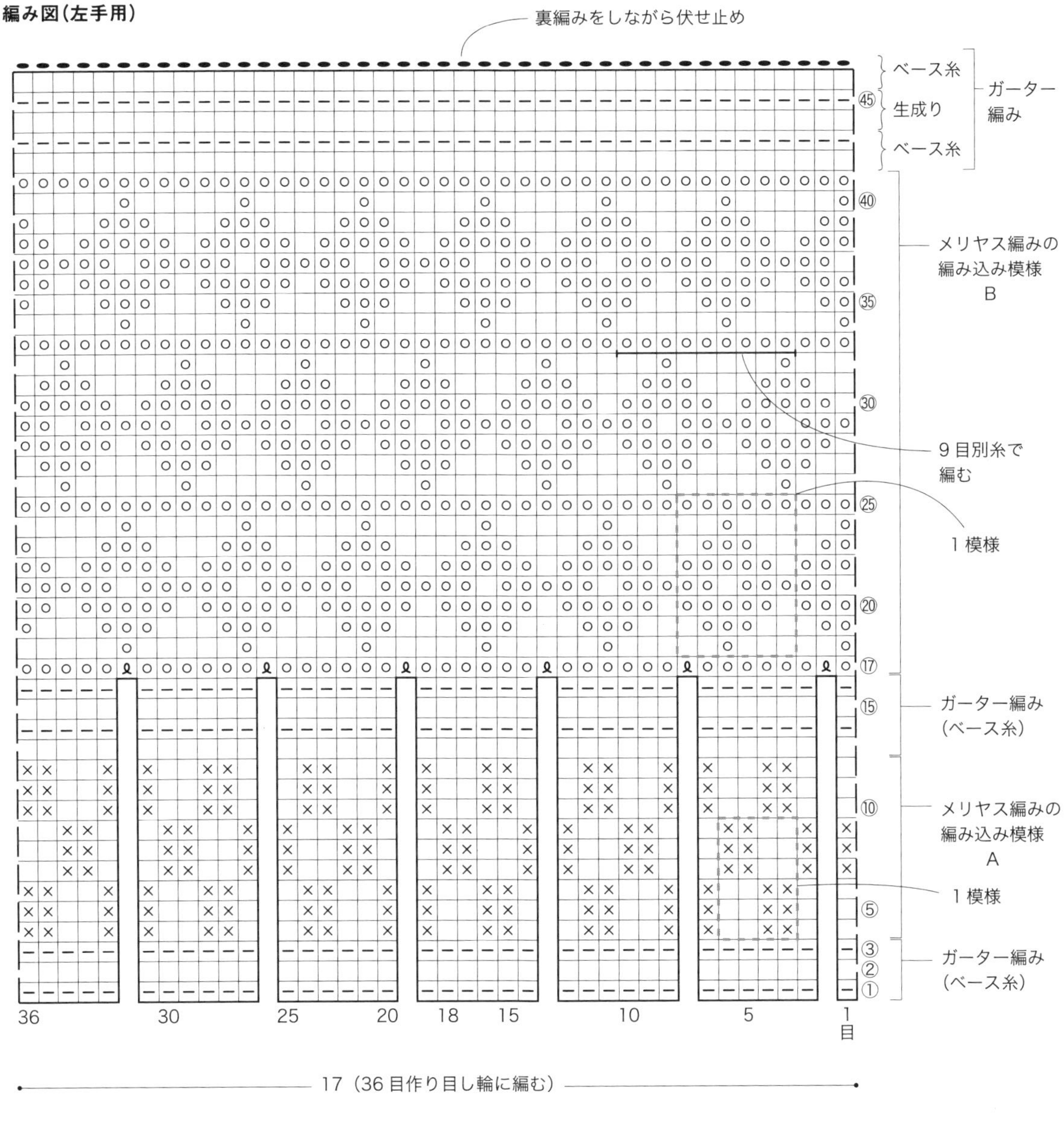

※右手用は指穴位置を左側に移す

□ 表目　－ 裏目　ℓ ねじり増し目

○ 表目・生成り　× 表目・配色糸

15 編み込みペンケース

photo >> page 56

材料

アンカータピスリーウール　8638(紺)・9164(黄緑)・8156(オレンジ)・8256(ラベンダー)・8684(水色)・8242(赤茶)各1束

用具

5号60cm輪針2本

できあがり寸法

6×14cm

編み方ポイント

・メリヤス編みの模様編みは6色の糸から毎段2色を使って編みます。使わない糸は切らずに休ませておきます。

編み方手順

1　紺で8目作り目をし、2本の輪針に目を分ける(P.53参照)。
2　2段ごとに増し目をして(図参照)全体で32目になるまで7段編む。
3　6色の糸から毎段2色ずつ使って模様編みを31段編む。
4　紺と水色で1目ゴム編みを4段編む。
5　紺で伏せ止めをする。
6　紺で3目のコード編みのひもを編み(編み方はP.73参照)、本体にひもを通して結ぶ。

製図

底の編み図

ꝏ ねじり増し目

※4目ずつ2本の輪針に分けて編みはじめる

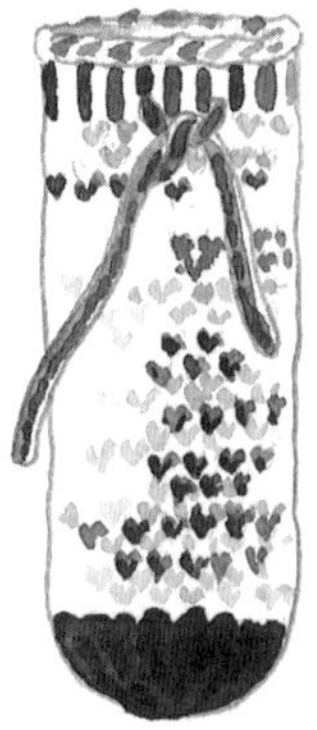

模様編みと1目ゴム編み

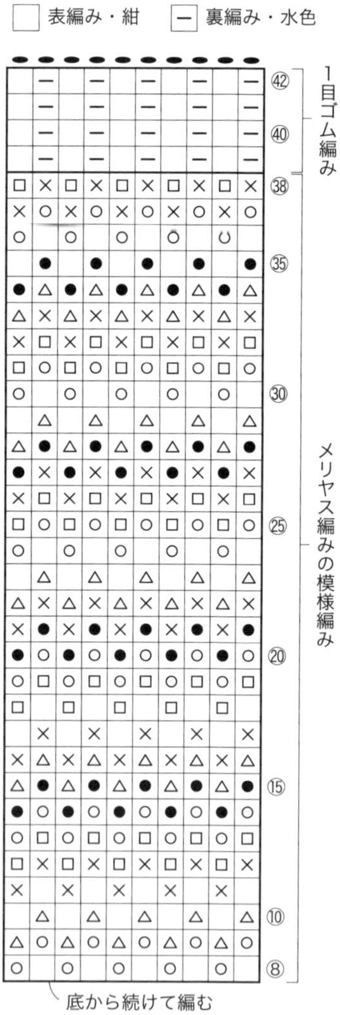

□ 紺
○ ラベンダー
△ 黄緑
× 赤茶
□ 水色
● オレンジ

16 編み込みペットボトルホルダー

photo >> page 57

材料

オステルヨートランド　ピンク・黄色・エメラルドグリーン　各10g

用具

1号60cm輪針2本、3号かぎ針

できあがり寸法

底直径7×高さ14cm

編み方ポイント

・底はかぎ針ですじ編みをし、すじ編みの縁から目を拾って輪針2本でサイドを編みます。

編み方手順

1　かぎ針の輪の作り目をする(ピンク)。1段めは細編み8目。

2　すじ編みで底を編む(ピンク)。毎段8目ずつ増し目をして7段編み、全体で56目にする。

3　すじ編みの縁からピンクと黄色を交互に使って目を拾って輪針にかける。56目を28目ずつ2本の輪針に分け、44段(または必要寸法になるまで)模様編みを編む。

4　黄色で1目ゴム編みを2cm(7段)編み、最後は伏せ止めをする。

製図

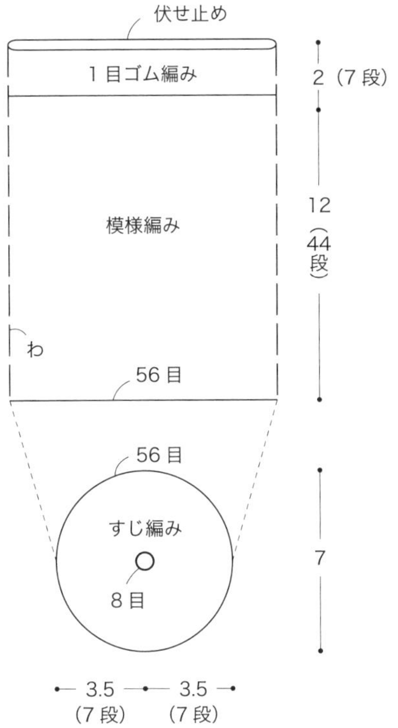

底の編み図

※ピンクで編む

模様編みと1目ゴム編み

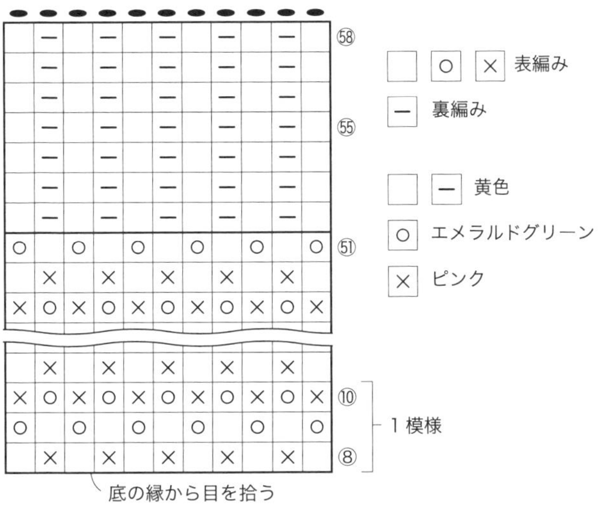

17 編み込みチェアマット

photo >> page 58

材料

ておりやオリジナルモークウールB
NO.17（深緑）・NO.21（ピンク）・NO.01（レンガ）・NO.04（オリーブ）各35g

用具

8号80cm輪針2本

できあがり寸法

32×32cm

編み方ポイント

・表面と裏面で異なる模様編みをしますが、配色は同じです。各部分の配色は配色表を参照してください。

編み方手順

1 深緑で8目作り目をし、4目ずつ2本の輪針に分ける(P.53参照)。
2 表面A～Cの編み図のように増し目をしながら21段めまで編む。
3 22～46段めは表面の模様編みを編む。
4 47段めはピコット編みをする。
5 48～72段めは裏面の模様編みを編む。
6 72～92段めは裏面A～Cの編み図のように減目をして編む。
7 最後に残った8目に糸を通して絞る。表面の編みはじめの部分も同様に糸端を通し、絞って始末する。

製図

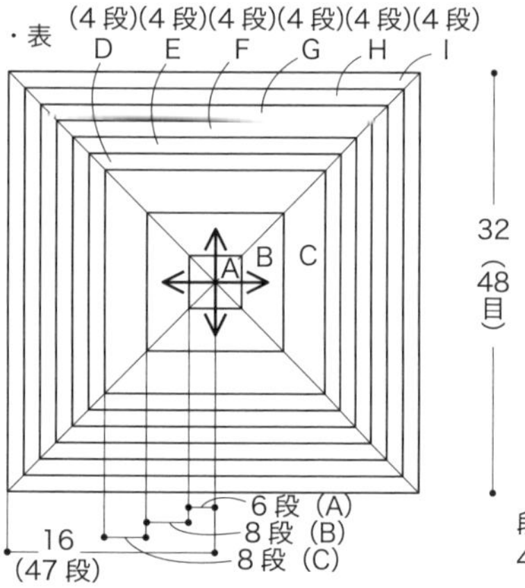

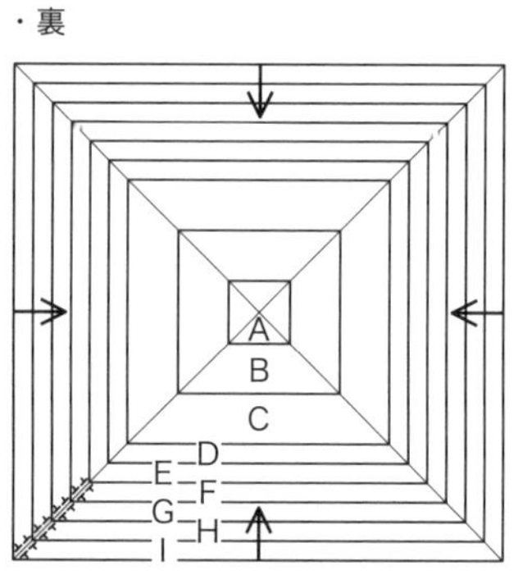

段数は表と同じ（ピコット編みは配色に含めない）
49段めからは奇数段で8カ所減目

配色表

A	深緑
B	オリーブ
C	レンガ
D	ピンク
E	深緑
F	オリーブ
G	レンガ
H	ピンク
I	深緑

表面A～Cの編み図

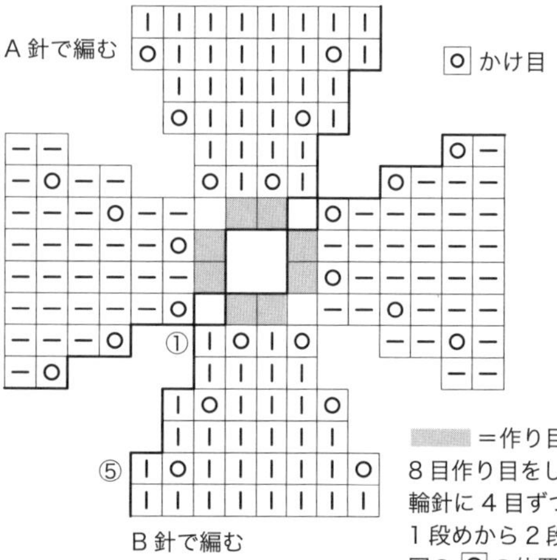

＝作り目
8目作り目をして2本の輪針に4目ずつ分け、1段めから2段ごとに図のOの位置で増し目(かけ目)をして21段めまで編む

裏面A～Cの編み図

※全体で4回くり返す

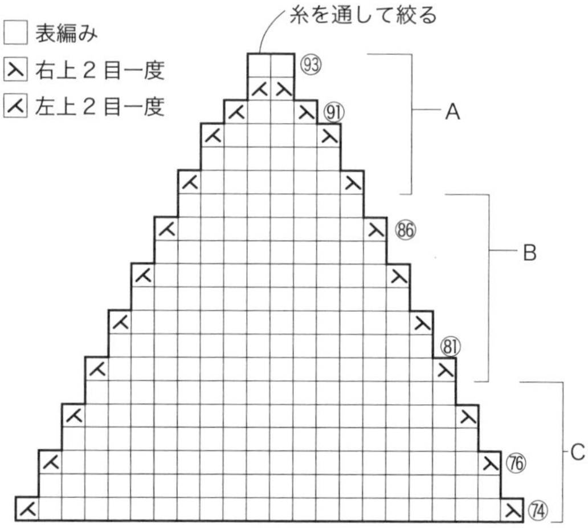

表面の模様編み

※全体で４回くり返す

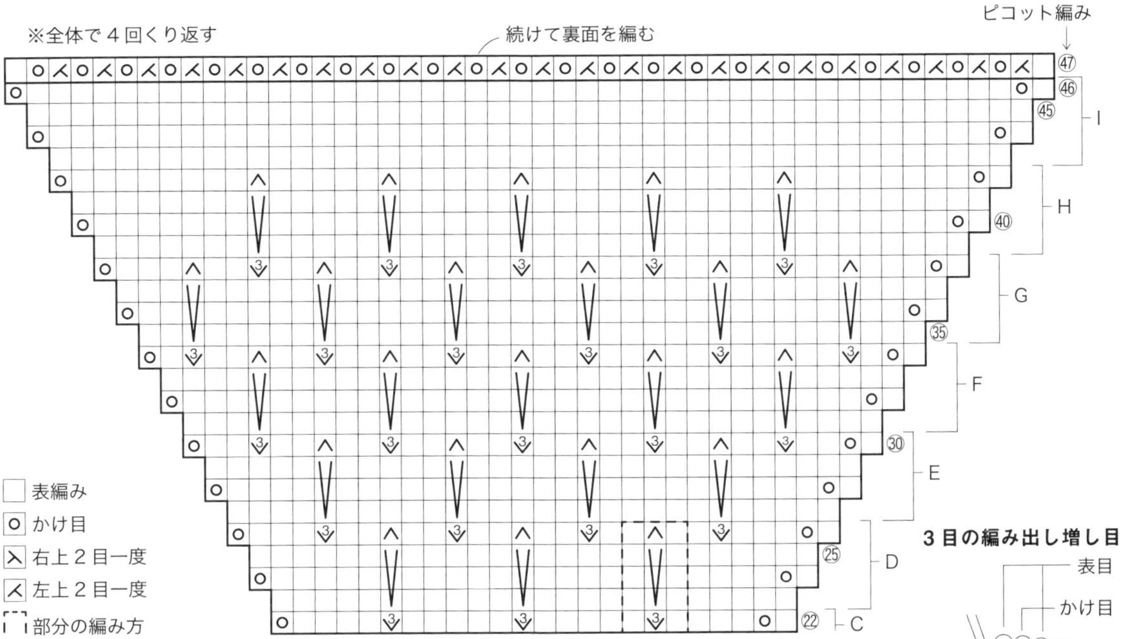

- □ 表編み
- ○ かけ目
- ⋋ 右上２目一度
- ⋌ 左上２目一度
- ┆ 部分の編み方

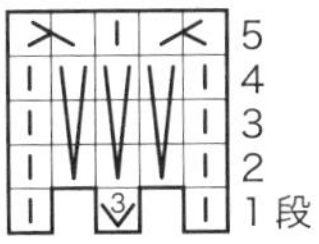

１段めに２目めから３目編み出し、
編み出した３目は２〜４段めで３段すべり目をする。
５段めに３目の最初の目は手前の目と左上２目一度、
２目めは表編み、３目めは次の目と右上２目一度を編む。

- ３目編み出し増し目
- ３段すべり目

３目の編み出し増し目

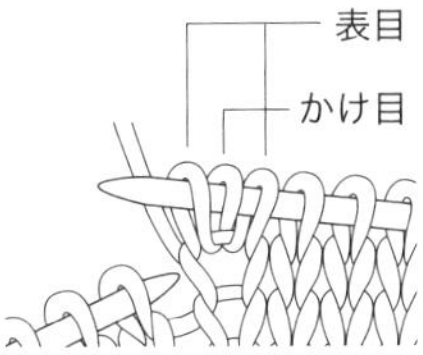

１目の編み目から表目、
かけ目、表目と編んで
３目編み出す

裏面の模様編み

※全体で４回くり返す

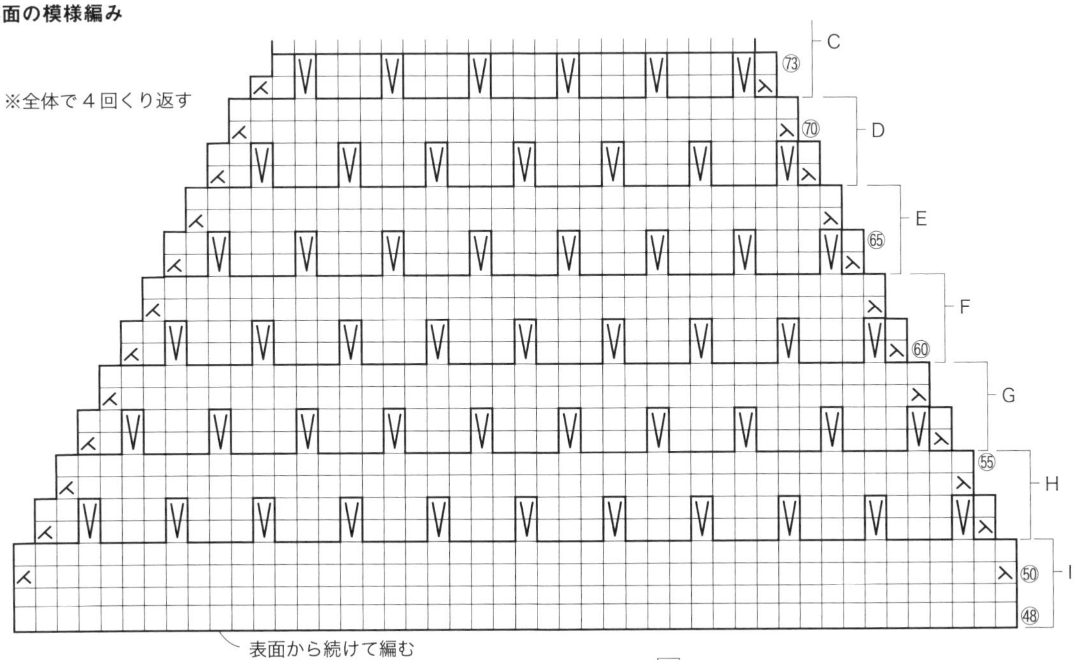

□ 表編み　○ かけ目　⋋ 右上２目一度　⋌ 左上２目一度　２段すべり目

Profile

林ことみ ❖ kotomi hayashi

ニット、刺繍、ソーイングなどのデザインと同時にハンドメイド本の企画・編集も手がける手芸ジャーナリスト。2000年からは毎年夏に開催される「北欧ニットシンポジウム」に参加し、シンポジウムで出会った楽しい編み方や珍しいテクニックをテーマとしたニット本を刊行している。2012年から、雑誌『暮しの手帖』でエッセイの連載もスタート。
『編み地を楽しむリストウォーマー』『アフガン編みいろいろ』（ともに文化出版局）、『洗って洗ってフェルティング』（青春出版社）など、著書多数。

http://knitstrik.exblog.jp/

Staff

撮影 ❖ 松本のりこ

イラスト ❖ しかのるーむ

企画・編集 ❖ 笠井良子（グラフィック社）

材料提供（50音順）

てをりや
〒530-0041　大阪市北区天神橋2-5-34
tel.06-6353-1649
http://www.teoriya.net/

株式会社ダイドーフォワード
パピー
〒101-8619　東京都千代田区外神田3-1-16
0120-02-9251（フリーダイヤル）
http://www.puppyarn.com/

KNIT MANIAX 01

輪針でニット

びっくり！ 楽しい「輪針」の使い方

2012年9月25日　初版第1刷発行
2023年9月25日　初版第7刷発行

著　者　　林ことみ

発行者　　西川 正伸

発行所　　株式会社 グラフィック社
〒102-0073　東京都千代田区九段北1-14-17
TEL 03-3263-4318　FAX 03-3263-5297
http://www.graphicsha.co.jp
振替 00130-6-114345

印刷・製本　　図書印刷株式会社

ISBN 978-4-7661-2408-8 C2077